中国阅读报告

中国图书馆学会科普与阅读指导委员会 编

顾问:王余光 吴 晞 邱冠华 李东来

爱书人的世界

主 编:邱冠华

副主编:邓咏秋 郭腊梅

北京图书馆出版社

图书在版编目(CIP)数据

爱书人的世界 / 邱冠华主编.—北京：北京图书馆出版社,2008.4

(中国阅读报告丛书 / 中国图书馆学会科普与阅读指导委员会编)

ISBN 978-7-5013-3596-1

Ⅰ.爱… Ⅱ.邱… Ⅲ.读书活动 Ⅳ.G252.17

中国版本图书馆 CIP 数据核字(2007)第201858号

书名 爱书人的世界

著者 邱冠华 主编

出版 北京图书馆出版社(100034 北京市西城区文津街7号)

发行 010-66139745,66175620,66126153

66174391(传真),66126156(门市部)

网址 www.nlcpress.com

经销 新华书店

印刷 文物出版社印刷厂

开本 710×1000(毫米) 1/16

印张 14.25

字数 190(千字)

版次 2008年4月第1版 2008年4月第1次印刷

书号 ISBN 978-7-5013-3596-1/G·737

定价 49.00元

中国阅读报告丛书的撰写
得到了中国图书馆学会专项资金资助

总序
关注全民阅读

◎ 王余光

在联合国教科文组织第十一个“世界读书日”（2006年4月23日），中国图书馆学会科普与阅读指导委员会在东莞成立了，这标志着中国图书馆学会推动全民阅读有了专门的组织机构和指导原则。一年多来，“科普与阅读指导委员会”在研究图书馆指导全民阅读活动中的作用的基础上，倡导“爱读书、读好

1	2
3	4

1.让孩子从小亲近图书 倪继利摄
2.共享阅读的乐趣 苏州图书馆提供
3.奥斯陆公共图书馆阅览室的女读者 邱冠华摄
4.在社区图书馆阅读的孩子们 赵俊玲摄于新西兰

书”，推动了全民阅读活动的开展。虽然有了这么一个倡导全民阅读的基地，在社会阅读风气面临着新时代、新技术的挑战之时，我们的工作依然任重而道远，但我们深信，一定要“让阅读成为我们生活的一部分”！

中国传统民居常挂的对联：忠厚传家久，诗书继世长。邓咏秋摄于北京鼓楼附近的民居

培养良好的阅读习惯

全民阅读的重点是青少年阅读，在阅读群体中，处于学习阶段的青少年占了很大的比例。目前，网络的普及和升学的压力给青少年阅读带来了误区。一方面，“浅阅读” 已经成为当代社会阅读的明显特征。今天，铺天盖地的网络、电视、电影，甚至市面充斥的大量图文书影响了人们的阅读需求，简化了人类在阅读时所引发的深刻思考，人们阅读的主要需求变成了休闲和享乐。在整个社会已经沉浸在“悦读”的大背景下，青少年无法自觉地接受艰苦的严肃阅读，长期接触不规范的网络语言，造成了他们书面语言能力的弱化；同时网络上不断闪烁画面，随意断章取义的阅读形式，也很容易分散注意力，让青少年不能形成专心致志的习惯。

千百年来，中华民族的读书传统流传下来很多优秀的品质，比如刻苦勤奋、对书的尊重、对读书人的崇敬等等，但是近年来，这些好的传统也被我们丢掉了，只有功利性阅读保持了旺盛的生命力。图书市场上最热销的总是教育类、励志类，即便是严肃文学，也被出版社包装成改编本、文摘本和图文本。在这种情况下，现代读者是选择网络阅读还是书面阅读，只是文本的形式不同罢了，文本的价值并没有太大的区别。我们更应该关注的是阅读的内容和质量。对读书的引导应该提倡读什么，而不是通过什么读。网络改变一代人的阅读习惯，是自然而然的事情。网上的东西固然乱七八糟、良莠不齐，现在的图书内容也不敢说都是精品。所以，读书不一定就高尚，读网也不一定就堕落。

另一方面，目前青少年功利性的阅读现状，并非一时表象，而是有着深层次的社会历史根源。在中国的阅读传统中很重要的一方面就是实用主义。“不为功名不读书”的思想延续了几千年。自古就有“书中自有黄金屋”，“书中车马多如簇”的说法，年轻的读书人往往将读书视为一种腾达的手段。在东亚儒家文化圈中，家庭仍然很重视教育——但这只是功利性读书，并不等同于重视阅读。功利性读书往往容易造成悲剧的发生，我们也可以通过一些文学作品窥视到这一点。比如《儒林外史》在某种程度上正是反映了功利性阅读所造成的人格扭曲。青少年长期接受这种极具功利性、服务性的教育，从而造成了功利性的阅读心理。《河北省高校人力资源现状及未来发展研究》课题组对某重点大学 86 名学生进行的随机调查显示，60%以上的学生认为读书主要是由于学习的需要。这应该说并不是一种好的风气。要改变这种风气，必须从孩子做起，从家庭做起，让孩子在家庭的良好阅读氛围中自觉养成阅读习惯。

重建“耕读传家”传统

作为培养良好阅读习惯、营造良好阅读氛围的重要场所，家庭是推进全民阅读最应关注的对象。中国古代就有“耕读传家”的传统，其中一项重要内容就是注重家庭藏书读书。近年来，这种传统正在丧失。依据中国出版科学研究所在 1999、2002 与 2004 三年中所作的《中国国民阅读与购买倾向抽样调查报告》中的数据，从 2003 年我国国民家庭藏书量情况来看，藏书 100 本以上的家庭占 10.1%，51-100 本的家庭占 14.3%，50 本以下家庭占 37.2%，基本没有藏书的家庭占 38.4%。从总体上看，我国国民家庭拥有藏书的比例超过一半，但家庭藏书数量不多，有藏书的家庭比例下降。

目前我国经济发展较快，人们的生活逐渐由拮据转向小康。然而在这个过程中却丝毫看不出人们对阅读的重视。这种现象的出现，原因在于：第一是藏书家庭的社会职业和阶层分布极不均衡，藏书家庭社会分布面比较狭窄。比如经济比较发达的苏南乡村，很多家庭的经济条件优裕。但是他们宁愿把钱投入到装潢、购买高档家用电器，也不重视家庭藏书建设。社会上也有一些家庭构建家庭藏书，但多为私人藏书家、教师和科研工作者的家庭，不具有普遍代表意义。第二是家庭对孩子阅读的重视不足，家长没有着意培养孩子良好的阅读习惯。他们并不认为阅读是一种生活方式。读书只是为了升学，作为一种谋求功名的手段。教辅市场的发达也印证了这一点。一旦孩子失去升学的机会，家长也就不再继续为其营造阅读环境。

在一些西方国家，他们也仍然保持着很好的阅读传统。据说，犹太民族的孩子稍微懂事时，母亲就会在《圣经》上滴一点蜂蜜，让自己的孩子去吻，使其从小就知道书本是甜蜜的。西方的读书传统对我们来说，是有一定的借鉴的。

与阅读质量同样重要的家庭藏书建设，也需要引起重视。因为家庭是社会最小的细胞，应该在阅读上对其加大引导力度。国人可以从家庭做起，重建“耕读传家”的传统，让书籍走入每个家庭。把购书经费列入家庭开支，建立家庭必备的基本藏书。家庭藏书的主要目的有两个方面。一方面，能让家庭成员有一些必备的读物，有些人家里根本无书可看。目前图书馆还做不到让每一个角落的每一个人都有书看，而家庭藏书能够作为图书馆的一个重要补充。另一方面，家庭藏书可以给家庭成员营造一个阅读的环境和氛围。在此基础上，才能开展国际上流行的培养有修养的母亲、提倡亲子阅读与分享阅读等活动。如果让一个孩子从小就养成读书习惯的话，他一生都会受用无穷。

图书馆推动全民阅读

图书馆有两大任务，一是推进社会信息化，一是推进全民阅读。在推进全民阅读上，图书馆以其专业性、权威性和独有的丰富资源成为读书活动的一个主要阵地，也是倡导全民阅读、终身阅读等阅读基本理念的中坚，是联系群体阅读和个体阅读的桥梁，发挥了巨大的作用。去年，中国图书馆学会增设了一个专业委员会——“科普与阅读指导委员会”，专门用来推动全国性的全民阅读活动。

近年来，国内包括“全民读书月”活动在内的各种阅读活动，开展得有声有色，特别是在经济较发达的地区，图书馆在全民阅读方面发挥了重要的作用。像苏州市、东莞市、深圳市在这方面为全国其他城市做出了榜样。典型的像苏州每年有两次大规模的读书活动，上半年是 4 月 23 日，下半年是 9 月 28 日，而且苏州市还在全市 100 多所学校开展了书香校园阅读活动，在国内很有影响，可以称之为推进全

第二届苏州阅读节海报
苏州阅读节办公室提供

民阅读的“苏州模式”。如东莞市，在2005年新馆落成之际，开展了首届“东莞读书节”，推出了一系列与读书有关的活动，如：东莞图书馆专题动漫活动展、东莞学习论坛读书系列讲座、开通市民学习网、图书展、读书知识竞赛、“我的读书故事”征文比赛、“我喜爱的书房”设计大赛、“藏书与阅读”优秀图书推荐、推荐书目、“学习之家”评选、外来员工“读书学习，争做新东莞人”演讲比赛等。这些活动丰富了人们的文化生活，产生了良好的社会效果。在此基础上，东莞市政府召开专门工作会议，着力打造建设“图书馆之城”。正是在这样的背景下，中国图书馆学会于2005年决定筹建“科普与阅读指导委员会”；也正因为东莞图书馆在推动全民阅读方面做出很多成绩，中国图书馆学会决定，将科普与阅读指导委员会成立会放在东莞图书馆召开。

过去，图书馆是边缘行业，社会关注度低，图书馆在推进全民阅读工作上一直也比较被动，基本是配合政府来开展宣传。中

2007年9月29日，2007东莞第三届读书节开幕暨新莞人书香卡首发仪式在东莞南城新科磁电制品厂隆重举行。5万张“新莞人书香卡”和3万张“亲子书香卡”向全市免费发放。 程永强摄

作为2007年第八届深圳读书月的系列活动之一，深圳图书馆设立了“少儿开放日”（11月10日）。图为在少儿开放日，深圳图书馆的工作人员在对小读者讲关于书的故事。
李军锋摄

国图书馆学会从2004年开始持续举办了世界读书日庆祝活动，取得了积极的社会影响。随着国家对文化事业投入的逐年加大，图书馆在人们的生活中越来越重要，人们纷纷走进图书馆，图书馆已经成为很多人生活中的一部分。《中国国民阅读与购买倾向抽样调查报告》的统计资料中，有一个数字近年来不断增长，即被调查人员去图书馆的比率。1998年，第一次调查的时候，这个数字才1%左右，现在已经超过了5%。这正说明图书馆的地位正在不断提高。图书馆尚需尽最大努力去满足老百姓的精神文化需求，积极推进全民阅读。

为了推动全民阅读的开展、加强全民阅读的理论建设，中国图书馆学会科普与阅读指导委员会主持编辑了这套《中国阅读报告》。蹒跚起步的《中国阅读报告》第一卷包含三册，分别是《耕读传家》、《书香社会》和《爱书人的世界》。这是关注全民阅读的成果，也是共建书香社会的努力。□

本文作者为中国图书馆学会科普与阅读指导委员会主任、北京大学教授。

目 录

爱书人 12

让阅读成为我们的习惯 13

作为爱书人的 CEO 们——《CEO 的书房：揭开通向成功的奥妙》读后 15

永远读不完的书 22

奥普拉和她的电视读书节目 25

书山学海 31

我的书斋 34

换书记 39

名人与藏书 42

一位美国大学教师的书斋 44

苏州十佳藏书家访谈录 49

读什么书？藏什么书？ 60

阅读起步者的最佳书 61

秦文君推荐给小读者共享的书单 66

可爱的图画书 67

成人也爱看的绘本和漫画 79

科普读物最佳书 87

美丽人生的"悦读"书目 98

在恐怖和紧张中释放现代生活的压力——推理小说最佳书 107

最好的厕所书 118

适合各种不同心情、时刻、理由的书 124
不爱读书的孩子的最佳书 135
阅读的人生:老年人的书 145
连环画最佳书 153
十本最佳自然读物 158
凌鼎年推荐阅读的微型小说集子 164

深度报道 168

把书借回家:图书馆借阅最多的50种图书 169
推荐书目的过去、现在与未来 179

爱书人经验交流 192

电子图书与原创文学网站 193
如何捐献图书 199
图书漂流——分享阅读 分享快乐 203
买便宜书的方法 206
买书记 212
西方爱书人的家庭藏书室 215
怎样用书装饰你的家 221
分享阅读心得 获得心灵愉悦 227
如何在阅读方面获得帮助 232

爱书人

让阅读成为我们的习惯
作为爱书人的 **CEO** 们
——《**CEO** 的书房:揭开通向成功的奥妙》读后
永远读不完的书
奥普拉和她的电视读书节目
书山学海
我的书斋
换书记
名人与藏书
一位美国大学教师的书斋
苏州十佳藏书家访谈录

让阅读成为我们的习惯

◎ 朱永新

多年来，我们一直在推动倡导着阅读，之所以坚持要“把阅读进行到底”，是因为我们坚信：阅读是当前中华民族最重要的事情。

一个民族的精神境界取决于阅读的水平。国际阅读学会在总结了读书对人类的巨大益处之后，在一份报告中指出：“阅读能力的高低直接影响到一个国家和民族的未来。”犹太民族为什么那么强大？为什么这个在公元70年后就失去了祖国，到处流浪，寄人篱下的民族，却产生那么多世界级伟人呢？为什么他们依然能保持自己独特的民族精神和文化呢？这与犹太人视书如命、崇尚读书是息息相关的。从马克思，到爱因斯坦，再到弗洛伊德，20世纪人类三次思想大飞跃为什么无一例外的都是犹太

朱永新的书房/徐志强摄

人？为什么我们在为诺贝尔奖犯愁的时候，仅仅到1984年为止，犹太人中就已经有98人获诺贝尔奖（其中物理学奖30人，化学奖15人，生理医学奖33人，经济学奖7人，文学奖8人，和平奖5人）？我们的阅读率在下降，背后的问题并不是阅读下降本身，而是民族素质的下降。一个国家不是靠巨大的人口屹立于世界民族之林，而是靠阅读的人口。国家的竞争力最终取决于精神的力量，而精神力取决于阅读力。

一个没有阅读的学校永远都不可能有真正的教育。没有阅读只是训练，只是工厂的制造，而不是教育。现在我们的教育充其量只是训练。人的阅读需要、人的精神饥饿感的形成有其敏感期或关键期，而中小学阶段阅读习惯的养成，将影响一个人终身的阅读兴趣与阅读习惯。为了推动学校阅读活动，我们希望组织全国专家精心研究阅读书目，为中小学学生推荐那些最伟大的著作，那些能够告诉孩子们宽容、合作、自律、慈悲、感恩、执著、信心、爱的书籍，它们将编织出一张美丽的网，呵护孩子在漫长的旅途中保持着纯真、快乐与勇气。

一个书香充盈的城市必然是美丽的城市。城市的美丽虽然是靠它的外表、建筑、规划，但是一座城市真正的美丽，还是靠这座城市的人的品位和气质。人的品位和气质靠什么？最重要的就是阅读。2006年我们苏州阅读节的主题就是："阅读，让苏州更美丽。"我们认为，最优秀的城市就应该拥有最善于阅读的市民。我们呼吁设立"国家阅读节"，呼吁领导干部率先示范，"少一点烟酒味，多一些书卷气"。我们力求继承中华民族的优良传统，以创建学习型城市、构建和谐社会为目标，通过广泛开展群众性阅读活动，倡导阅读理念，弘扬阅读文化，营造书香城市，让读书学习真正成为广大市民群众自发追求的一种生活方式，自我发展的一种内在需求，进而确立现代市民意识，培育现代生活方式，养成现代文明行为，进一步提高文明素质，为中华民族的伟大复兴提供强大的动力支持和良好的人文环境。□

本文作者为全国政协常委、民进中央副主席、苏州市副市长、苏州大学教授。

作为爱书人的CEO们

——《CEO的书房：揭开通向成功的奥妙》读后

◎ 张曼玲

我们中国有句俗话叫“书如其人”，大致讲的是人与其著述的统一和互证关系。其实，这句话还可以进一步扩展到人与藏书、人与阅读的关系。从一个人的藏书和阅读内容同样可以看出其人、其志、其事，及其成功的原因。这不，美国一位职业作家哈里特·鲁宾（Harriet Rubin），采访了美国一些大跨国企业的CEO并参观其形形色色的书房（库）后，在《纽约时报·财经版》（2007年7月21日）发表了题为《CEO的书房：揭开成功的奥妙》（C.E.O. Libraries Reveal Keys to Success）的文章，历数了在商场上叱咤风云的诸多著名跨国大型企业CEO的藏书特色及其书房。其目的在于为那些绞尽脑汁探索通向成功之门的芸芸众生提供一个新的角度——阅读习惯与特色——来解读众多成功人士的成才之路。或许，鲁宾女士也是深受中国这句古话的影响？

在鲁宾的这篇文章中，一位位原本令人望而止步，肃然起敬的商业巨人，在对图书和阅读的爱恋和痴迷上，竟也表现得如此的天真、执著、可亲、可爱！

爱书嗜读的CEO们

在开篇，哈里特·鲁宾就向我们展示了一位爱书、藏书、读书达到痴迷程度的CEO——迈克尔·莫里茨。这位已建立起15亿美元个人财富，曾发现并投资诸如Google、YouTube、Yahoo! 及Paypal等公司并使他们成功上市的硅谷著名风险投资家，最自然不过地看起来会是一个与新兴媒体合拍的人。然而实际上，传统的纸质媒体——占据他旧金山湾区住所的数以万计的书籍，则是他全心关注的。

在哈里特·鲁宾对莫里茨的一次采访中，爱书嗜读的莫里茨这样说道：“我妻子称我对书的痴迷程度就如同伊梅尔达-马克斯对鞋子的疯狂与痴迷一样。一本书

拥有 15 亿美元资产的风险投资家迈克尔·莫里兹，同时还拥有一个巨大的家庭藏书室，这个藏书室的分类排架方法“会让图书馆员哭泣”。

Jim Wilson 摄

一旦来到我们家，那它就注定会在我们的生活中占据一个永久性的位置。因为我从来都舍不得与它们其中的任何一本分开。于是，逐渐地，书就积累得越来越多，好比沉淀物慢慢沉积一样。”

还有一位可与这种风险投资家相媲美的 CEO——奥美集团（著名广告公关公司）的女董事长兼首席执行官雪莉·拉扎勒斯（Shelly Lazarus）。正是因为空旷的藏书室和从地到天的攀爬之用的梯子，使她爱上了麻省波克夏城的那座建于 1740 年的老房子。“当我和丈夫刚搬进来时，我们曾说‘我们将永远也装不满这个房子’，但就在上周，我开始意识到，我们需要对图书室进行扩建。一旦我读完一本书之后，就会把它收藏起来。书已成为我生活中不可缺少的一部分。”

作为一个全球企业的领导者，任何事情都吸引着雪莉去阅读有关不同文化、不同国家、不同问题的书。她的阅读一是出于兴趣，二则希望能够发现思考并解决问题的不同角度，她阅读的图书包括杰罗姆·古柏曼（医学博士、哈佛医学院教授）的《医生们如何思考》、约翰·康沃尔（英国记者、历史学家）的自传《神学院男孩》和梅格·沃立特茨的小说《妻子》，以及之前读过的《竞争者的团队》（美国通俗史学家朵丽丝·柯恩斯·古德文写的林肯传记）。“大卫·奥格威(奥美国际广告公司创始人)曾说广告业是一个伟大的领域，你需要为之准备好一切。”雪莉·拉扎勒斯说道，“这给了我广泛阅读的理由。”

信用卡的创始者，Visa 的创办人德·豪克，常常为了能够找到他所想要的某一本书而搜寻上千本同类书。豪克先生 1984 年离开自己的事业，只关注自己的藏书室建设。在加州某地的粉色墙体的山顶别墅中，他为自己的图书建造了梦幻般的两千平方英尺的长廊。他坐在那些伟大的西方哲学家和小说家中间，寻找到了 Visa 所匹配的词汇：乱序——混合了秩序和混乱的复杂系统。在他的藏书室里，豪克先生发现图书能够包容一切思想。前去拜访的日常访客可以在书桌上看到翻开的波斯诗人奥马尔的《鲁拜集》，警告财富的易逝和繁华的危险。

书房：CEO 的私人空间

爱好阅读的严肃的领导性人物，都拥有自己的私人藏书室（或称私人图书馆）。其目的在于叫人如何思考，而不是如何竞争。美国麻省哈德利市的书商肯·洛佩兹说，没有几十万美元的资

靠窗阅读的莫里兹，安静而惬意。/ Jim Wilson 摄

本,想建起一个有关任何主题的私人图书馆是不可能的。

哈里特·鲁宾分析说,这也许正是 CEO 们视他们的私人图书馆比其性生活或银行账户还要私密的原因所在。比如,耐克公司的同僚们中,鲜有得见其公司创始人菲尔·耐特位于其办公室后面的一间私人图书馆。要想进入他的图书馆,你必须先脱鞋、弯腰:房间的天花板很低,显然这是一个私密空间。现已不再担任耐克公司 CEO 的耐特,要求人们对待他那些亚洲历史、诗歌、美术方面藏书的尊敬程度丝毫也不低于他本人所应受的尊敬程度。耐特的那些藏书至今仍留在耐克公司总部。“当然,图书馆依然存在,因为我一直在学习嘛。”在一次对耐特的访谈中,他解释道。

哈里特·鲁宾还提出,私人图书馆永远是权力最直接、最真实的体现,在历史上也是如此。热衷于帝权的伊丽莎白一世喜欢阅读和亲自翻译罗马史,但有一本书被她独自锁起来,钥匙藏在她卧室,只有她和宫廷才能阅读其法文版:马基雅维里的《君主论》。1945 年丘吉尔落选后,回到他的图书馆抚平伤口,并在图书馆潜心研读了六年之后又东山再起,重掌政权。

CEO 的藏书特色:传统与经典永驻,冷门与个性同在

CEO 的收藏内容也很有特色, 很多 CEO 喜欢收藏和阅读那些传统或经典著作,而不像我们所想象的单纯商业类读物。对于这些 CEO 的收藏内容,哈里特·鲁宾仔细观察并统计后,不得不承认,我们还是不要指望在这些图书馆里找到商业类畅销书排行榜上的图书。

“我尽量使我的阅读内容多样化,并且保证我能看到更多的小说,而不是纪实类作品。”莫里茨先生说道,“我很少读商业类图书,安迪·格罗夫(英特尔公司董事长)的《游向彼岸》是个特例。它的内容与商业无关,而是刻画了一个非凡人物的情感积淀过程。我还会不时地重读一遍 T.E.劳伦斯的《智慧的七根柱》,它是一部优美的抒情诗,内容涉及蛮勇、异域探险以及一位神机妙算的奇人,这是到目前为止写得最好的一本有关引导人们进行异域探索的书。”

美国医学教育认证委员会 CEO 大卫·里奇曾经说过,假如存在一部 CEO 正典的话,它的章程将会如此:“不要仅仅追随你的导师,要追随你导师的导师。”里奇先生在其位于北卡罗来纳州某林区的私人小木屋里囤积了亚里士多德的全部作品。热衷于帝权的伊丽莎白一世终日被罗马史围绕着,其中有许多部分都是她亲自

翻译的。

直到最近，苹果公司CEO斯蒂芬·乔布斯卖掉了他的藏书。据说，乔布斯对威廉·布莱克这位18世纪狂热的空想家、神秘主义诗人兼艺术家的书有着“无穷无尽的兴趣”。也许，未来的历史学家们将会循着乔布斯的“布莱克图书馆”，追寻到其早年创立皮克斯动画公司以及今日魔力般风行世界的苹果iPhone手机的灵感来源。

同时，哈里特·鲁宾还提到，CEO们的收藏内容目前也出现了一些变化，比如专门收藏目前看起来比较冷门或者微不足道的资料，有些甚至很有个性。比如，他们现在开始收集有关气候变化和全球变暖方面的书籍。旧金山的一家古文物书店经常得到这些CEO们的光顾，据店主约翰·温德透露，这些CEO们喜欢收藏的可不是美国前副总统戈尔撰写的那些大部头书，而是自15世纪以来有关气候、埃及干旱的书籍，他们甚至还收藏苏美尔人记载有历史上不同寻常的气候变化情况的陶制书板的复制品。

温德还提到，在20世纪50年代，达尔文的原版的《物种起源》曾标价数千美金。“接着DNA风靡科学界，”温德说，“现在这一版本能卖到25万美金。但现在收藏达尔文的日记的狂热已经逐渐平息。我的顾客中有一位CEO，他专门收藏那些微不足道的人物的日记。比如，有一篇日记上记着当天的天气情况：今天63华氏度，早上有雨。一旦这些大亨显要们开始收集关于气候主题的书籍时，所有的收藏者就会一窝蜂地抢购这类书。”

嗜诗如命：CEO的诗意人生

对很多CEO来说，诗歌都有莫大的吸引力。比如刚才谈到的苹果公司CEO斯蒂芬·乔布斯对18世纪神秘主义诗人威廉·布莱克的书一直十分钟爱。其他热爱诗歌的还有硅谷著名风险投资家迈克尔·莫里茨、信用卡的创始者兼Visa的创办人德·豪克等著名的商业大亨们。

“我曾经让我的高级助理给我招聘个诗人做经理。”一家30亿美金规模的专供豪华轿车、剧院和机场的音响生产企业——哈曼工业的创建者希德尼·哈曼说道。哈曼在他华盛顿、洛杉矶和科罗拉多州阿斯彭市的三个住处都建造有图书馆。“诗人是最早的系统思考者，”他说，“他们观察最复杂的环境，然后把这种复杂性消减到他们可以理解的程度。”他从来没能找到一个愿意做经理的诗人。于是他自

莫里兹家中的藏书。
Jim Wilson 摄

己就成为了一名诗人。他经常援引莎士比亚、丁尼生的作品，并在亚瑟·米勒的《推销员之死》和加缪的《陌生人》那里寻找诗歌来帮助他定义劳动生活的尊严。在实际生活中，这种尊严得到了体现——在他的工厂里，员工们都受到尊重和优待。

而哈曼先生的阅读就更加富有特色并倾注全力。他读书就像作家写作一样，细细推敲，反复咀嚼。在两年时间里，他会经常从书架上取下E.L.多克特罗的《上帝之城》，仔细品读一会儿，然后又放回原处。过一段时间他又会重新从书架上取下这本书再次开始这段读书之旅。"几乎我所读过的所有东西都对我有所裨益——无论是科学类作品、诗歌、政治学著作，还是小说。更重要的是，我毕生都对哲学上的认识论具有浓厚的兴趣，这促使我花费大量的时间和精力不断地学习和阅读。我的阅读使我能够批判性地进行思考，不管自己身处商业领域还是高尔夫球场——对于这一生命中最有趣的消遣方式来说，这是一个令人难以置信的比喻。我的图书馆充满了吸引我随时回去阅读的书籍。"

秩序与混乱：CEO 的藏书组织

别看这些 CEO 们管理起那些超级商业帝国井井有条、游刃有余，可管理他们的这些藏书就是另外一回事了。CEO 们藏书室里藏书的无序和混乱不仅让哈里特·鲁宾吃惊不小，就是图书馆管理员，相信也会伤心不已的。他们的藏书普遍都不是按照杜威十进制分类法体系排列的，或者干脆，它们连起码的排列秩序都谈不上。"我的藏书根据主题和个人兴趣摆放，假如图书管理员看到我这种摆放方法，他肯定会伤心悲叹的。"莫里茨自己说道。哈里特·鲁宾分析，是否存在某种"达·芬奇密码"式的规则，所以 CEO 们的藏书看起来被混杂在一种另样的规则和秩序的生活中?

是啊,我们也有这样的疑问:是否存在一种可能,如果我们按照耐特先生的阅读次序,就像他给我们开的阅读处方一样,读他的藏书,是否可以从中获得同耐特一样的洞察力,能够从运动鞋那样的细微事物上预见一个未来的跨国娱乐公司?伟大的图书鉴赏家、阿根廷著名作家博尔赫斯曾分析了人们对知识的渴求,这种渴求促使人们积聚藏书:"必定存在一本书,它完美地概括了其他所有书籍的内容和理论。"

也许,这些 CEO 们,乃至世界上所有的热爱阅读、热爱藏书的书痴书虫们,所有的激情和付出,所有的热爱和冲动,都是为了能够找寻到博尔赫斯所说的这样一本能够囊括一切知识和理论的最完美的纲领性书目?假如真的如此的话,那么,也让我们从现在开始,一起踏上美妙的阅读之路,开始我们的发现之旅吧! □

西方爱书人的家庭藏书室
选自《用书装饰你的家》英文版

永远读不完的书

◎ 王一梅

1982年，江南小镇一个开满指甲花的院子里，一台黑色的长方形收音机里传来清脆的声音："小喇叭开始广播啦。"

这是一个12岁小女孩最最期待的时刻。

小喇叭正在广播的是童话故事《小蛋壳历险记》，讲述这个故事的人是鲁兵爷爷，每天下午鲁兵爷爷都为听广播的孩子讲述一个小小的片段。每次听完故事，这个12岁的小女孩总要猜测，下一集里，小蛋壳的命运会是怎样的？

这个每天等待着听故事的小女孩就是我。

除了听广播，我还听外婆讲过《狼外婆》的故事，还听妈妈讲过《格列佛游记》，爸爸从他的工厂借来了《安徒生全集》。那时候，即使是城市里也找不到真正适合孩子阅读的书，何况是在乡镇工厂简陋的图书室里，那里除了《钢铁是怎样炼成的》、《野草集》寥寥几本文学书以外，只有一些修理机器、安全用电和菜谱一类的书，根本就没有儿童图书，爸爸却意外地找到了《安徒生童话》，可见，安徒生童话影响之大。我似懂非懂地读完了安徒生童话，记忆中，那个放弃尾巴的人鱼

听广播的小女孩

姑娘、泥土里长出来的拇指姑娘伴随着我度过了许多时光。

可是，我从来都没有拥有过一本真正属于自己的书。

那时候，孩子中间流行的是连环画，那种方块形状的书被摆放在小镇百货商店的文具柜里。我常常走到那个柜台前面看连环画的封面，也看书旁边的标价，便宜的书价格为一角几分，贵的书价格是二角几分，我开始有了小小的野心，想买一本这样的连环画。

我开始积攒零花钱，家里的经济比较拮据，爸爸和妈妈仍然决定给予我支持，每次考试100分我可以得到5分钱的奖励，就这样，我在3次考试之后，得到了1角5分钱。

怀里揣着1角5分钱，再去百货商店的时候，就很有目的了，我开始让售货员阿姨一本接着一本地把书拿出来，我把所有的书都翻了一遍，直到售货员不耐烦地问："你这个小囡，到底有没有钱啊？" 我才把钱拿出来，说："我想买那本《酒井》。"我终于有了一本属于自己的书，这是一本根据民间故事改编的连环画，是我拥有的唯一的连环画。

这本书和《小蛋壳历险记》以及那些看到过、听到过的故事，就是我童年时代全部的文学阅读。

这些故事把小镇上一个从未出过远门的小女孩的心拉到久远、广阔的时光和空间，也使我在很小的时候就开始做一个关于文学的梦。

这个文学梦，一直被我藏在心里，从未告诉过任何人。我不知道心里藏着一个文学梦的女孩和没有文学梦的女孩有没有区别。有一天，我看见田野里的向日葵，我突然觉得，我就像那棵向日葵，而文学，就像是悬挂在高空中的太阳，它虽然离向日葵很远，却给予向日葵光辉，让向日葵有了生长的方向。

16年以后，我写了童话《书本里的蚂蚁》，讲述一只趴在花蕊里的蚂蚁被一个小女孩夹进了旧的书本，变成了扁扁的字蚂蚁，字蚂蚁带着书本里的蚂蚁字走走、跳跳，每天都变换出新的故事。这个每天都希望新故事的小女孩就是童年时代的我，这本永远读不完的书就是我的《酒井》。

后来，我的书架上有了很多的世界名著，这些书有的我已经读过，有的我还没有时间读完。想起来，真有一些意思，一本薄薄的连环画，非常普通，不是什么名著，但它伴随了我很多年，我用好几年的时间读它。在我出版第一本书的时候，我的妈

妈把《酒井》拿到了我的面前，她说，当年她看到别的孩子拿钱买零食，而我这样地想买一本书，她就觉得特别欣慰和充满希望。

让我更加高兴的是，我刚刚买到一本书，它就是 23 年前，小喇叭广播过的《小蛋壳历险记》。这本书由中国福利会出版社出版，对于我，它是一个童年的回忆，同时我的书架上又多了一本永远读不完的书。□

本文作者为儿童文学作家。

奥普拉和她的电视读书节目

◎ 王 媛

奥普拉

为了提高奥普拉秀（the Oprah Winfrey Show）的收视率，想方设法让观众参与到节目中来，1996年，美国电视界女皇奥普拉·温弗瑞（Oprah Winfrey）在其脱口秀中推出了一个新的板块——“奥普拉读书俱乐部”（Oprah's Book Club），每月向全美的观众介绍一本书，她和大家共同研读这本被推荐的书，并请作者出席节目现场与读者进行面对面的交流，节目的口号是“让美国重新读书”。就是这样一个电视节目板块，日后成了美国文学界、出版界的发动机，他们奉奥普拉为女皇，被她推荐过的图书少说也要多卖50万册，默默无闻的作家经她点石成金可以一夜成名。人们甚至说：“她就是推荐电话号码簿，人们也会去读。”

据美国经济学家理查德·巴特勒（Richard Butler）研究小组的研究结果来看，奥普拉的读书俱乐部确有点石成金的奇效。巴特勒研究小组的研究报告《从无人问津到超级畅销：测度奥普拉读书俱乐部选书的影响》（From Obscurity to Bestseller: Examining the Impact of Oprah's Book Club Selections）中利用《今日美国报》的畅销书排行榜，详细分析了“奥普拉读书俱乐部”自 1996 年开始至 2002 年暂停期间所推荐的 45 本非儿童图书的销售数据，发现只有 11 本书在她推荐前已经上榜，且全部排在 25 名之后。但在这 45 本书中，奥普拉推荐的前 11 本书，则全数在一周时间内冲入排行榜的四甲。其中受益最深的是芭芭拉·金索沃（Barbara Kingsolver）所著的《毒木圣经》（Poisonwood Bible），被推荐后曾盘踞畅销排行榜达 137 周的时间，另一本《芳心何处》（Where the Heart Is）被推荐后，占据畅销书排行榜 98 周的时间。

2001 年，奥普拉选中了乔纳森·弗伦岑（Jonathan Franzen）的小说《修正》（The Corrections），邀请作家到节目中晚餐，但遭到了作家的拒绝。奥普拉在周一的节目中告诉观众："因为作家似乎对其书被读书俱乐部选中感到不适，很矛盾，因此我们不得不取消当晚的晚餐，节目将进入下一本书的讨论。"作家的拒绝引发了奥普拉的思考，同时也因"再也找不到阅读的激情"，2002 年 4 月，"奥普拉读书俱乐部"在开办 6 年之后暂停了。在这段时间，其他电视读书节目的出现填补了这个空白，其中包括"读这本书"（Read This，Good Morning America's Book Club）、"与 Ripa 一起阅读"（Reading with Ripa ，ABC）、"今日秀读书俱乐部"（Today Show Book Club）以及"今日美国读书俱乐部"（USA Today Book Club）。

2003 年 6 月，"奥普拉读书俱乐部"又重新开张了，这次的幸运儿是企鹅出版集团的《伊甸之东》（East of Eden）。这本始发于 1952 年的小说，一经奥普拉的推荐，出版社疯狂加印了 120 万册，并在新版封面醒目位置印上"此书让奥普拉读书俱乐部回归"的字样。与之前不同的是，重新开张的"奥普拉读书俱乐部"以推荐经典著作为重点，不再介绍在世作家的作品，每季度推荐一本。从 2003 年 6 月至 2006 年两年时间里，奥普拉推荐了赛珍珠的《大地》、托尔斯泰的《安娜·卡列尼娜》等，一经推荐，这些经典著作又重新成了超级畅销书。与此同时，奥普拉还在自己的网站上开设了网上读书俱乐部，这是一个自由注册的空间，奥普拉的目标是建成一个拥有百万读者的在线读书俱乐部。奥普拉说："读书俱乐部回来了，我有了新的目标，要建成世界上最大的读书俱乐部，使人们重新阅读。不仅仅是阅读，而是读那些经典著作！"

因为对当代作品的冷落，曾有 158 名作家联名给奥普拉写信，请求她推荐小说新作，信中写道："亲爱的奥普拉，读者需要你，我们这些作家也需要你，我们希望你回心转意。……读书俱乐部的会员不再购买新出版的小说，这改变了美国出版业的面貌。”但节目制作方对此的回复是奥普拉并无意改变只推荐经典著作的现状。实际上，奥普拉也尝试着改变，但改变却带来了节目的第二次暂停播出。2005 年 10 月，奥普拉在节目中推荐了《百万碎片》（A Million Little Pieces）。这不是经典著作，作者依然在世，也不是一本小说，而是作为回忆录来介绍给读者的。奥普拉自己也说：“这是个全新的开始，它既不是经典，也不是小说，是个大胆的选择……这是本掏心掏肺的回忆录。”还在节目中戏称作者 James Frey 是个让她夜不能寐的男人。被节目推荐之后，这本书瞬间登上了亚马逊网上书店排行榜的首位，狂卖了 200 万册，值得注意的是，奥普拉推荐该书已是 2005 年 10 月中旬，离年底只有短短的两个半月时间。这么短的时间，却足以让这本书成为 2005 年仅次于《哈利波特与混血王子》畅销书。但好景不长，开始有网友质疑该回忆录的真实性，一个叫 TSG（the Smoking Gun）的网站开始做背景调查，发现书中提到的时间与事实不太吻合，再往下挖，甚至发现有些内容很可能是作者虚构杜撰的，而非真实的故事。迫于压力，Frey 在媒体上道歉了，“奥普拉读书俱乐部”也因此受到了影响，TSG 网站的第一句话是“奥普拉出洋相了”（Oprah Winfrey's been had）。“奥普拉读书俱乐部”在其后只播出了一期就再度暂停了。

时光进入到 2007 年初，“奥普拉读书俱乐部”再度开张了，截至目前（2007 年 12 月 10 日），今年奥普拉推荐了五本书，分别是《男人的度量》（The Measure of a Man）、《路》（The Road）、《中性》（Middlesex）、《霍乱时期的爱情》（Love in the Time of Cholera）、《地球的支柱》（The Pillars of the Earth）。

是什么让奥普拉拥有如此的力量，使“奥普拉读书俱乐部”成为一个读者爱看、作家依赖、市场需要的高收视率电视节目的呢？是电视媒体的强大影响力使然，还是奥普拉无穷的个人魅力使然？书+电视+奥普拉，发生了化学作用，成了一枚威力迅猛的引导阅读炸弹，三者缺一不可。

随着媒体的多元发展，阅读率下降已是全球共同面临的问题。尤其是阅读文学书籍的时间和人数连年走低。书籍对人们还重要吗？目前来看，答案是肯定的。“奥普拉读书俱乐部”的高收视率也证明了这一点。在《美国人的心灵女王——奥普拉·温弗瑞传》中奥普拉讲述了书籍对她自己的重要影响，她说：“书籍早已成为我生活中最令人愉悦的一部分。正是书籍帮助她认识自我，了解世界。”她还拿玛亚·安吉拉斯的自传体小说《我知道为什么笼中的鸟儿在歌唱》做例子，说这本书也是

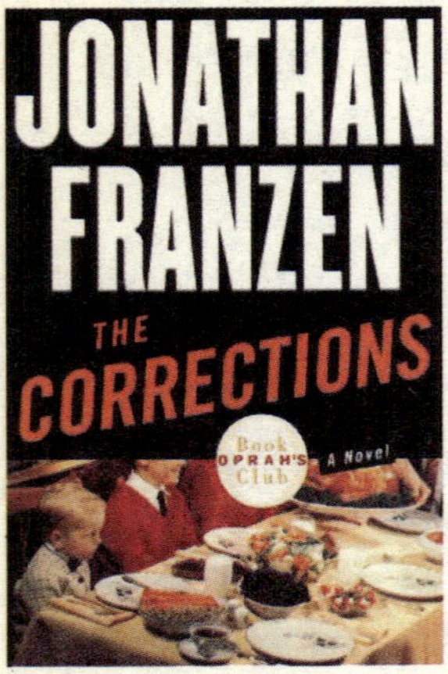

《修正》英文版封面

乔纳森·弗伦岑的小说《修正》被奥普拉选中，并邀请作者到节目中晚餐，但是遭到了作者的拒绝。

为曾经经受过许多苦难的她而写的。这本书使她第一次明白任何人都有可能超越苦难而得到新生。在看书的那一刻，她说她开始懂得作者及其作品的力量了。

随着信息的发展，有价值的不是信息而是注意力。而一档高收视率的节目，恰恰就集中了受众的注意力。同时应该注意的是，“奥普拉读书俱乐部”的操作方式，在推荐新书的第一阶段，在她选中的书目没有公布之前，是绝对保密的。按照他的要求，读者必须在全美所有图书卖点同一时间买到这本书。而在推荐经典著作的第二阶段，奥普拉会提前发布书名，会提前公布阅读计划，甚至制定时间表，提出每个阶段的问题，让读者与她同步，而她则在节目现场与读者和作者展开讨论，共同分享阅读感受。

除了以上两点之外，奥普拉的个人魅力在整个俱乐部中的作用毋庸置疑。在崇尚追求梦想的美国，奥普拉的经历本身就具有激励意义。可以说，她的号召力是具有催眠效果的。她的主持风格平易近人，从不装腔作势，好像自己什么都懂。在推出《安娜·卡列尼娜》时，她坦承自己从未读过此书，但保证和观众们

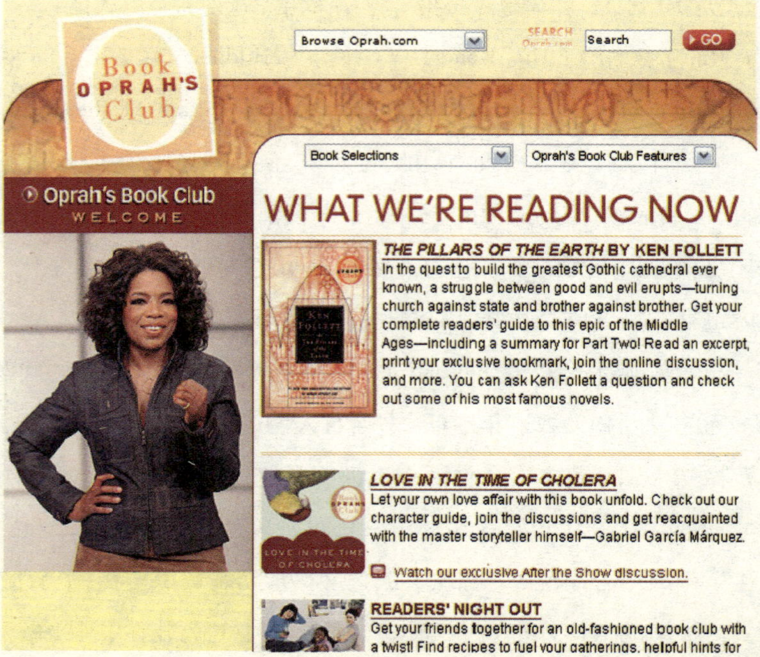

奥普拉读书俱乐部网站

一起来读。

如果她推荐电话号码簿会有人读吗？谁在乎这个问题的答案呢。重要的是，在“奥普拉读书俱乐部”及其他电视读书节目的带动下，美国大众开始回归自主阅读。□

附：《奥普拉读书俱乐部》推荐书目（1996-2007）

来源：http://www.oprah.com/obc/obc_landing.jhtml
（少数书名暂无中文译法，所以从缺）

Anna Karenina	by Leo Tolstoy	《安娜·卡列尼娜》
As I Lay Dying	by William Faulkner	《我弥留之际》
Back Roads	by Tawni O'Dell	《后乡路》
The Best Way To Play	by Bill Cosby	《玩的最佳方法》
Black and Blue	by Anna Quindlen	《黑与蓝》
The Bluest Eye	by Toni Morrison	《最蓝的眼睛》
The Book of Ruth	by Jane Hamilton	《路得记》
Breath, Eyes, Memory	by Edwidge Danticat	《呼吸、眼镜、回忆》
Cane River	by Lalita Tademy	《凯恩河》
The Corrections	by Jonathan Franzen	《修正》
Cry, The Beloved Country	by Alan Paton	《哭吧！亲爱的祖国》
Daughter of Fortune	by Isabel Allende	《幸运的女儿》（或译《财富之女》）
The Deep End of the Ocean	by Jacquelyn Mitchard	《海洋深处》
Drowning Ruth	by Christina Schwarz	《溺水迷情》
East of Eden	by John Steinbeck	《伊甸之东》
Ellen Foster	by Kaye Gibbons	《爱伦的故事》
Fall on Your Knees	by Ann-Marie MacDonald	《跪下你的双膝》
A Fine Balance	by Rohinton Mistry	《平衡》
Gap Creek: The Story Of A Marriage	by Robert Morgan	《一个婚姻的故事》
The Good Earth	by Pearl S. Buck	《大地》
The Heart Is a Lonely Hunter	by Carson McCullers	《心是孤独的猎手》
The Heart of a Woman	by Maya Angelou	《女人心》
Here on Earth	by Alice Hoffman	《在地球上》
House of Sand and Fog	by Andre Dubus III	《尘雾家园》
I Know This Much Is True	by Wally Lamb	《我了解这一点，许多都是真的》
Icy Sparks	by Gwyn Hyman Rubio	《冰儿》
Jewel	by Bret Lott	《亲亲吾女》
A Lesson Before Dying	by Ernest J. Gaines	《垂死的教训》
Light in August	by William Faulkner	《八月之光》
Love in the Time of Cholera	by Gabriel García Márquez	《霍乱时期的爱情》
A Map of the World	by Jane Hamilton	《世界地图》
The Meanest Thing To Say	by Bill Cosby	
The Measure of a Man	by Sidney Poitier	《男人的度量》

Middlesex	by Jeffrey Eugenides	《中性》
Midwives	by Chris Bohjalian	《助产士》
A Million Little Pieces	by James Frey	《百万碎片》
Mother of Pearl	by Melinda Haynes	
Night	by Elie Wiesel	《夜》
One Hundred Years of Solitude	by Gabriel García Márquez	《百年孤独》
Open House	by Elizabeth Berg	《洞开心门》
Paradise	by Toni Morrison	《乐园》
The Pillars of the Earth	by Ken Follett	《地球的支柱》
The Pilot's Wife	by Anita Shreve	《飞行员之妻》
The Poisonwood Bible	by Barbara Kingsolver	《毒木圣经》
The Rapture of Canaan	by Sheri Reynolds	
The Reader	by Bernhard Schlink	《朗读者》
River, Cross My Heart	by Breena Clarke	《河流穿越我心》
The Road	by Cormac McCarthy	《路》
She's Come Undone	by Wally Lamb	《她的解脱》
Song of Solomon	by Toni Morrison	《所罗门之歌》
Songs In Ordinary Time	by Mary McGarry Morris	《心灵之歌》
The Sound and the Fury	by William Faulkner	《喧哗与骚动》
Stolen Lives: Twenty Years in a Desert Jail	by Malika Oufkir	
Stones from the River	by Ursula Hegi	
Sula	by Toni Morrison	《秀拉》
Tara Road	by Maeve Binchy	《塔拉路》
The Treasure Hunt	by Bill Cosby	
Vinegar Hill	by A. Manette Ansay	
A Virtuous Woman	by Kaye Gibbons	《有德之妇》
We Were The Mulvaneys	by Joyce Carol Oates	《我们是马尔瓦尼一家》
What Looks Like Crazy on an Ordinary Day	by Pearl Cleage	《看似疯狂的平凡日子》
Where the Heart Is	by Billie Letts	《芳心何处》
While I Was Gone	by Sue Miller	《当我离开时》
White Oleander	by Janet Fitch	《白色的夹竹桃》

书山学海

◎ 徐仲民

“书山有路勤为径，学海无涯苦作舟”。这是劝人读书学习的至理名言，几乎家喻户晓。可谁也没见过“书山学海”。现在，我在儿子身上有所感悟。

那是他进入初中的暑假，因家中无人看管，我就动员他去一个地方。他不肯，我说先去试试，如不行以后就不去。外面炎热，这里凉风习习；在家孤单，这里有的是少年同伴。他逐渐喜欢上了这个地方。之后，他考进了苏州中学，离这儿更近了，兴趣也就更浓了。除了家庭、学校，那里是社会上他去得最多的地方。有时下课早，他就先去那里做作业，再回家吃晚饭；节假日，在家没趣，背上书包就去那里了。在那自修室，他还认识了一些其他中学以及苏州大学的朋友，互帮互学，其乐融融。一发而不可收，那里有什么吸引他呢？

他说：那里没有山，可那里的“书山”让你一辈子都无法攀登。这倒也是。那里现存藏书近 120 万册（件）。天文地理、花鸟虫鱼、春夏秋冬、历史政治、渔樵耕读、自然世界、哲学社会、宗教礼仪、社会科学、军事法律、经济文化、航空航天、科教文卫体、工农商学兵等书籍似乎无所不有，形成了一座无法超越的“书山”。可谓：古今中外、东西南北，任你“攀登”。还有浩瀚的电子网站，任你点击跳跃。

他又说：那里没有海，可那里是“学习的海洋”，“畅游者”络绎不绝。这倒也是。五年来，那里的“畅游者”超过 700 万人次，网站点击超过 2000 万次，办证 24.09 万人，在全国同类行业中人气旺盛，风骚领先。

我问：那里还有什么？他说：那里文化环境好，有省级文物保护单位——天香小筑。这也不错。天香小筑是苏州为数不多的中西合璧式建筑，各楼间隙以湖石丛竹点缀，树木葱郁。四周湖石嶙峋，突兀峥嵘，形肖多种动物，有“百兽园”之称。还有古典园林式长廊，廊内有王羲之、蔡襄、赵子昂、董其昌、王文治、翁方纲、郑板桥、邓石如、曾国藩、李根源等历史文人书法，墨香宜人。

我又问：那里原来是什么？他摇头。我说：改造前，那里是苏州市政府、市人大办公地。1998年，市委、市政府高瞻远瞩，在那市中心黄金地段，又斥资1亿多元改建了这场所。现在政府每年还支出1000多万元用作运营经费，又专项安排300多万元购置新书，2007年专项经费又提高到500万元。他接着问：政府为什么要高度重视这里？我说：科教兴市、尽量满足老百姓读书学习的需要。同时，也是为了营造读书氛围。我又说：那里南面围墙外，就是苏州历史上唯一一位通过乡试、会试、殿试获得解元、会元、状元的钱棨的“三元坊”。紧靠着的是“千年府学，百年新学”的苏州中学和苏州文庙，也就是你现在读书的地方。北宋景佑二年（1035），著名政治家范仲淹任苏州知州，创办了宋代历史上第一所地方学校——苏州府（州）学。苏州府学，开明清两

渴求知识
苏州图书馆提供

苏州图书馆主馆外立面
苏州图书馆提供

代苏州状元、进士甲全国之先河。光绪三十年（公元 1904 年），改建为江苏师范学堂（后演进为现在的苏州中学），新学由此起始。百年新学的历届校友中，担任部省级领导、大学校长的近百人，当选中国科学院、工程院院士及社会学科学部委员的近 50 人。时至今日，苏州中学学生，1999—2007 年获中学生奥林匹克竞赛国际金牌 8 块，占全市 80%，1984—2006 年学生高考状元 4 名，在全省独占鳌头。顺着兴头，我感慨道：你常去的那个地方、三元坊、苏州中学、苏州文庙形成了一条苏州独有、世界难寻的人文风景线。

著名教育家、苏州市副市长朱永新在给其子的信中称："大学是读书的天堂。"儿子开玩笑地问我：那么，那里也应该有个别名吧？我脱口而出：书山学海。儿子一笑，没说话。

那里的大门上写的是：苏州图书馆。而著名书法家谭以文在馆内文化广场报告厅前的太湖石上刻写的是：书山学海。太湖石上空是万里蓝天千里白云，左右两旁是百年香樟四季飘香，前面则有清水一潭，鱼儿嬉闹撞醒了睡莲，睡莲花开了，微笑地欢迎着"登山者和畅游者"的到来。□

本文作者为公务员。

我的书斋

◎ 潘君明

读书人都喜欢有一间书房，读书藏书，怡然自得。我的书房不大，但也不算小，有15平方米。还起了一个斋名，曰："角挂书屋"。请书法家瓦翁写就，镌刻成匾，底板淡黄，字嵌石绿，将它悬挂在书斋门框上，十分雅致。有朋友来访，见到此匾，不无称赞的。这个书斋的命名，有它一定的含义。我生肖属牛，成语有"牛角挂书"，取《新唐书·李密传》"蒲鞯属牛，挂《汉书》一帙角上，行且读"之意。我志在勤奋读书，取此斋名，合我心意，也是对我的一种激励与鞭策。书斋南面为窗，窗外有一小园，植树栽花，四季葱绿，生机盎然。尤其那几棵靠墙的芭蕉，杆长叶茂，浓绿诱人，那真是"芭蕉分绿上窗纱"，给书斋增添了无限雅兴。书斋内，三面皆列书橱，那是我自己设计、请人制作的，书橱为开架式，存书取书十分方便，找书也一目了然。有这样一间书斋，觉得非常舒心，某日，我望着窗外景色，看着四壁图书，不觉动了雅兴，吟成一联：

四壁图书随意读；

半园花草赋情闲。

书斋中间，置一写字台。这张写字台，还是大女儿静珍买给我的呢。我早先的一张写字台，是父亲给我买的，那时经济拮据，台子是旧的，用了30余年，桌面、抽屉均已被虫蛀坏，但我对它很有感情，还想用。女儿说：你写了几十年，现在有条件了，还不买一张新的？这样吧，我来给你买一张。一日，女儿约我去了家具市场，就买回了这张台子。这台子长1.8米，宽0.8米，够宽敞的。六只抽屉，可分类存放东西。材质是鸡翅木，属红木一类，配一只靠椅，均为明式，线条流畅，简洁大方，做工极为精细，我十分喜欢。放在书斋内，不仅实用，也添了几分雅致，同旧的相比，真是鸟枪换炮了。我爱好盆玩，在台角置一盆景，适时更换，或老松，或梅桩，或秀竹……微型村野，绿色书斋，读书赏景，清雅极矣！每当我进入书斋，坐在靠椅上，望着那四壁图书，不禁想起了清代诗人沈德潜的一副对联：“种树乐培佳子弟；拥书权拜小诸侯。”自己坐在书斋内，四壁是书，不就是“拥书”而成了“小诸侯”么！真有一种自悦感和自豪感。

古人说：读书是一种福气，此话一点不假。工作之余，坐在书斋内读书，确是一种享受。书籍是我终生之友，她给予我知识，给予我力量，给予我快乐。书籍是长方形的，我将书籍称之为“长方先生”，遇有不解之难题，步入书斋，请教“长方先生”，问题总能得到解决。现在我已退休，几乎天天进入书斋，天天可以读书。天天与“朋友”、“先生”见面，不亦乐乎！安下心来，悠闲地点上一炷香。此时，窗外轻风吹拂，绿叶摇曳，室内空气清新，清香飘逸；手捧书本，静心读书，好似一股清许的源头，不断地、潺潺地流入心中。读到精微处，偶有所得，或眉批，或摘录，或落笔挥毫，形成文章。自作一联云：

岁月书中过；

云烟笔底流。

书籍是没有新旧之分的，只要能增进知识，对我有用，就可以读。新书固然好，旧书是个宝。有些书读了再读，尽管书读旧了，再去读时，还能读出新意来。二十年

牛角挂书图

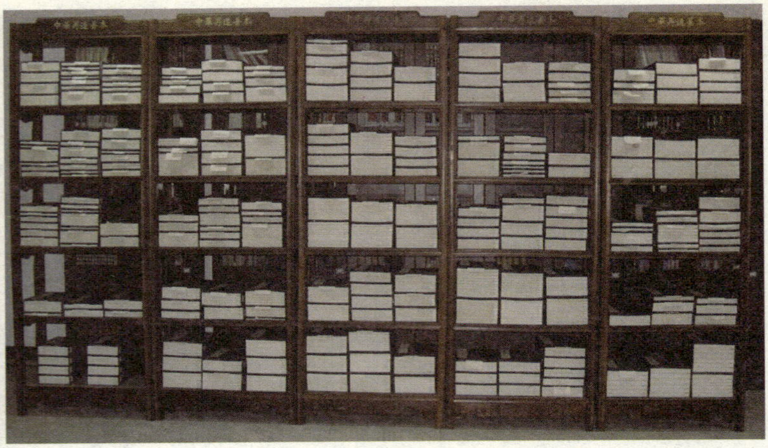

这是为存放由北京图书馆出版社出版的《中华再造善本》线装书配套设计的书架，它在结构上采用榫卯结构、传统工艺，在选材上使用老榆木，在书架雕饰上突出明式家具的特点，下牙板采用简洁清雅的云纹图案。

前我在书摊上买到一部《杜诗镜铨》，因是线装本，长年翻阅，装订线断了，书页有些散了，但至今仍放置案头，闲时翻翻，读而不厌，且每有新的收获。这真是：

旧书常读悟新意；

古砚勤磨赋拙文。

我书斋内的藏书，约在万册以上，有旧书，也有新书。大部分是日常所购，也有朋友送的。说起这些藏书，却也来之不易，是数十年积累而成。我自幼喜欢读书，小学肄业后，因为家里贫穷，买不起书。而邻居家的一个儿子，藏有许多书籍，《三国演义》、《水浒传》、《包公案》、《彭公案》等等，放了满满的一箱子，于是我就向他借来阅读，看了一本又一本，看出味道来了。但，书是人家的，光借着看不行，得想法自己去买。可是，手头没有钱呀，怎么办？那时，每天早上起来，家里是不吃早点的，父亲给我钱，要我自己买早点吃。这样，我将吃早点的钱省下来，然后去买书看。可以这样说，这是我自己买书、藏书的开始。

长大后，参加了公安工作，后来继续进修，并上了大学。在这期间，我开始业余写作，向报刊投稿，读书的要求就更加迫切了。其时，经济虽不宽余，但买书却已成了习惯。当时，在我周围的朋友，抽烟的较多，尤其是搞公安工作的，几乎都抽烟。别人劝我抽烟，我就是不抽。我有一个想法，你们抽烟，我就买书。你们使劲抽烟，我就使劲买书。我算了一笔账，假如一天要抽一包烟，一个月抽三十包，那时，二三包烟即可买一本书，一个月可以买十来本书。烟抽完了啥也没有了，我买书却可以积累起来，也是一笔财富呢！因为有了这个想法，所以，我买书毫不吝啬，日积月累，我的藏书就慢慢多起来了。

我买书是上了瘾的，凡见到书店、书摊，都要停下脚步去搜索一番，看是否有可买之书。那时，我已养成了一个习惯，星期天都要到新华书店去逛一次，带一二本书回家。哪里有旧书店、旧书摊，也要赶去淘书。就是外出旅游，凡有售书之处，也要购几本旅游书回来。为了写作、查阅资料的方便，我很想购一套“二十四史”，但一问价格，有点吃不消。于是，我想到了苏州古旧书店，这书店以出售旧书为主。一问一找，果然有中华书局早先出版的“二十四史”，价格很便宜，一部《旧唐书》（16册），仅30.8元。可惜只有几部，不配套了，我买回了几种。书店营业员非常热情，答应我与中华书局联系，看仓库内是否有存货。大约隔了三个月光景，营业员告诉我：书找到了，有便宜的。这样我就买全了“二十四史”。这套史书成为我书架上最显眼的丛书，也是我常读常用、最得益的图书。

天一阁外景

天一阁是亚洲现存最古老的私家藏书楼，它的创建者是我国明嘉靖年间兵部右侍郎范钦。

天一阁提供

藏书多了，自然要分类存放，便于查找。我依据我的藏书内容，将它们分为八大类：一是工具书；二是历史书；三是民间文学；四是民俗学；五是诗歌；六是地方文化；七是野史；八是监狱学。现在，书橱内塞得满满的，放不下了。自己曾想：书不买了，没处放。但到了书店，见了好书，还是要买回来，这真是积重难返了。读书要花时间，时间是非常宝贵的。特别是一些大部头书，几本、几十本连续编页码，要找一篇文章真不容易。我想了一个办法，给这种书重新编码。譬如中华书局出版的“二十四史”，每部史有几册、几十册，最多的《清史稿》有四十八册，其中目录一册。查了目录，尽管注明了页码，但要到那一册去找具体内容，也是很费事的。我想了一个办法，按照“目录”上页码，写在每一册的书脊上，××页至××页。这样，一下子就可以找到了。这个办法确是方便，诸君不妨一试。也给出版社提个建议，今后出大部头书，能否将页码印在书脊上呢！

读书与藏书，两者是统一的。凡读书的人，大多喜欢藏书，而藏书是为了更好地读书。我读书、藏书还另有一层意义，是为了写书。我常想：书是别人写出来给大家看的，别人花了很大的心血，才有这么多书籍，才有这么多精神财富。那么，我为什么不能写书给别人看呢？也创造一点精神财富呢！所以，我一方面勤奋读书，如蜜蜂采花，吸取营养；一方面认真写作，如春蚕吐丝，结出果实。我在书斋内，灯下笔耕是常事，写出了一本又一本小书。我从事公安、司法部门工作四十余年，自己著作和参与编著的监狱学书籍有十多部，专著《中国历代监狱大观》，就是我在阅读“二十四史”等书籍及开展调研后写成的，全书23万字，插图百余幅，2003年8月由法律出版社出版。此书被法律界人士誉为“填补了监狱史上的一个空白，具有重要的意义”。诗歌类著作有《角挂书屋吟草》、《苏州桥咏》、《古城寻芳》等九部。散文有《子城》、《横塘》等八部。民间文学是我业余的专业，至今已出版了《吴王试剑虎丘山》、《唐伯虎外传》、《苏州历代名人传说》等十余部图书，最近还主编了《苏州民间故事大全》一书，250万字，分为12册出版。

由此，在我的藏书中，也多了一项内容，那就是“本人著作”，专门归入一类。改革开放以来，图书市场十分繁荣，各地出版社相继出版新书。我写的那些拙文，被全国各地五十余家出版社收入单行本的有好几十种，这些书当然也是要收藏的，年积月累，竟放了一个书橱。俗语说：“癞痢头儿子总是自家的好”，看到自己写的书，心里格外高兴。□

本文作者为民俗专家。

换书记

◎ 祝兆平

书只有买卖，赠送也是常事，交换就有点稀奇。有道是“书与老婆不借”，更不要说交换了。

苏州一批读书族交来往去，书就是一根轴心，不期而遇多在书店，大家见面一笑，说一句：哦，你也来啦。于是淘书。如果是雪夜围着石英管电暖器聊天或雨日捧着热茶杯争执，那书也必定是大家离不开的话题。看各位家中陈设一无金贵，最多也最值钱的莫过于书，如藏书逾万的阿拭，家有十数只书橱书架的稼句，还有因生存空间太小而只好将数千宠书艰难地藏置阁楼之上的书生钦贤及包括在下本人，皆属此例。

可以说，爱书是读书族最大的共性。谁也不希望别人来借自己的书，但谁也逃不了被别人借书的命。当然，听说谁有了好书，也免不了生出要去一饱眼福的欲望，瘾头十足，就跟爱美之心人皆有之差不多。面对美人，欣赏之余，评头品足一番，自有一种乐趣在。似乎真如古人所说书中自有黄金屋，书中自有颜如玉。爱书爱到极，便会滋生出“恨不能占天下美女为已有”的非分之念，能用金钱买来当然好，但一要资金雄厚，二要空间宽敞，面对文人来说，欲达此二点如登青天难。只好回到极有限的程度内作现实打算，窃书虽不算偷，究非君子所为，不取。又爱书心切，怎么办？喜新厌旧，吐故纳新，投其所好，各取所需，去，适得其所，来，正中下怀，交换是最好的方案。不知是谁先发明的，真应该得诺贝尔奖，不知帮了读书人多少忙。

苏州读书族中，交换之风始于稼句，水平也数他为高。据我看，他高在这几点：一是对出版行情熟，什么出版社出些什么书，过去出了些什么，最近出了些什么；二是他对苏州的藏书族的历史和现状熟，苏州有哪些藏书大户，各家所藏之书有何特点，一清二楚；三是他对藏书族中谁喜欢什么书，谁需要什么书吃得很透；而他最大的优势在于腿勤。节假闲暇，走门串户，或提一捆书或拎一个包，三言两语，顺耳中听，在行在理，你所缺的正在他的包里，还指出你有哪些书可以而且应该淘汰；至于换法，可以是论价，也可以以厚薄计，还可以论质量，当然讨价还价也是可以的，在一阵君子式的讨价还价后，你可以留下他推荐给你的，而他所看中的也必定被他的包所带走。一切都是自愿的。朱虹是著名诗人，稼句就将一大摞若干年前的诗集诗刊搬去换了一批“杂书”来；听说阿拭要清一批书，稼句在自己上门捷足先登之余还请来一批文友帮助消化，阿拭大为高兴。若干天后在旧书店又遇到阿拭，我问他，听稼句说你又有书要清，我与稼句将一起来帮忙。谁知他听了连连摇手说别来，别来，再来我的好书都要被稼句搬去了。我想趁火打劫搬几本的奢望也就此落空。我家他是常客，我有些什么书他一清二楚，那天他搬来一捆书说：这都是你需要的书，有《中国电影家列传》、《电影论文集》、《索菲亚·罗兰》、《简·方达》、《葛丽泰·嘉宝》、《高仓健》、《卓别林的一生》等，果然正中我怀，但他看中我的几本上海书店的中国现代史参考资料，几本明清笔记，几本清实录等。为了避免谈钱，讨价还价半天决定以厚薄论，结果把大家的书叠起来一比，我给他的要比他给我的厚得多。于是我坚持要抽回几本笔记。但是稼句说出许多理由证明他的书价值高。我当然不服，也说出许多根据证明我的书价值高。虽然双方在和平友好的气氛中以文雅的语言进行争论，其程度是空前激烈，激烈之后是一阵意味深长的沉默，相互对视良久，居然不约而同点着头笑了起来。我

祝兆平以藏书一万五千册荣获“苏州十佳藏书家”称号，下图是他的书柜。

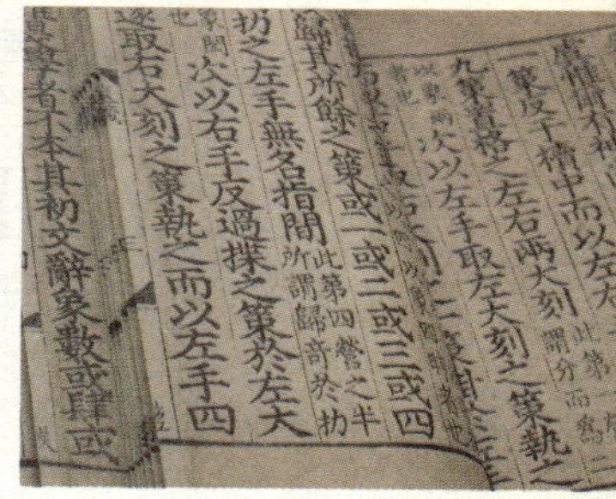

中国古人为我们留下了一批珍稀的古籍善本，但是由于复本少且非常珍贵，普通读者甚至专家学者也难得一见。2002 年 7 月起，文化部、财政部联合启动了《中华再造善本》工程。就是选择那些久已绝版又传世孤罕的古籍版本，珍贵、稀缺有价值的古籍善本，采取缩微复制、扫描复制、照原样影印等现代印刷技术复制出版，造出与原书一模一样的再造善本。使善本、孤本“化身千百”，为更多的图书馆和藏书者所拥有，能够让更多的读者使用。这项工程的出版工作由北京图书馆出版社承担。

先说：想不到稼句换书竟那么门槛精，什么时候我来写篇东西记记稼句换书一定很有趣的，书你拿去就是了。稼句却一本正经地说：朋友归朋友，闲话还是说清楚好，书么我先拿去，厚么是你的书厚，不过就那么二三公分，算我欠你的。

那笔账至今没有平，写在这里也没有要算账的意思。只是感到在如今这时间就是金钱的、只认金钱不认情义、扒分都来不及的年头，居然还有那么几个爱书如痴的书毒头整天介动书的脑筋，真是可笑可叹，可悲可佩，可贵可爱，可歌可泣。□

本文作者为报社副总编。

名人与藏书

◎ 傅秀宏

藏书是一种雅好，一些名人甚至将它作为自己毕生的心爱事业。

宋代司马光，藏书达万册，有“藏书癖”之称。南宋大诗人陆游将居室取名“书巢”。鲁迅一生藏书费用约合今日人民币52万元。综观《鲁迅日记》书账，记载他购藏9600多册书籍、6900多张古文物拓片，共计16500件图书。从1912年5月（鲁迅31岁）在北京教育部工作，至1936年10月（鲁迅55岁）在上海病逝，24个年头中，鲁迅收入的平均11.1%，专门用来藏书购书。毛泽东一生藏书达10万余册，有的是买的，大部分是别人赠的。他的藏书，每一册扉页都盖有“毛氏藏书”印章，书中朱墨纷呈，批语、圈点、勾画满书，直线、曲线、三角、叉等符号满目都是。

据说，上世纪50年代末，爱书的毛泽东曾向黄炎培借王羲之书帖一本，借期一个月。黄炎培借出后心中忐忑，才一星期就接连不断打电话催问，问是否看完，什么时候还。毛泽东虽有点生气，但依然按“书”不动，整整看了一个月，在最后一天如期归还。

藏书者知道，书被借走就可能失书，有的书失掉了，就不可再得。因为现实生活中，那些读书的人，一不小心便沦为藏书的人，虽然他们常常有书不读，却能专注于藏书。所以得好书难矣。历史上只藏书不读的人有不少，登峰造极者莫过于天一阁的主人范氏子孙，他们甚至把藏书作为一个宗教式的朝拜对象。

当然，书藏而不读，也有妙处。单是看那长长的一溜书脊，用手从一端开始一路抚过去，就有无穷乐趣。但若藏书只为情趣，而不用、不考，必行之不远。明代藏书家高濂“藏以致用”的意识，颇有见地：“得见古人一言一论之秘，以广心胸未识未闻。”

原北大校长胡适十分喜爱购书、藏书，更会用书。胡适1948年12月以前，藏书

102 箱，近两万册。他从北平只带走了一套甲戌本《红楼梦》。1948 年 12 月到南京后辗转到台湾。后到了美国，胡适重新开始藏书，但他对晚年藏书并不满意，认为属自己本行的书太少。因 1948 年以前胡适藏书是与其学术相结合，比如研究《水经注》，他竟博藏 60 多种版本，“凡《水经注》刻本，除宋元刻本，我全收得。”再比如《水浒传》一书，胡适也藏有多种珍版。

藏书家的乐趣，不仅仅在用书、考书上，而且令他们欣喜的是：在新获图书上盖一方自己的印章，表达个性情志。明代藏书家祁承㸁，藏书印章是：“澹生堂中储经籍，主人手校无朝夕。读之欣然忘饮食，典衣市书恒不给。后人但念阿翁癖，子孙益之守弗失。”不仅流露出了爱书之情，而且表达了读书之乐。清人《榆园丛书》作者许益斋，其藏书印文深含哲理：“得之不易失之易，物无尽藏亦此理。但愿得者如我辈，即非我有益可喜。”其藏书观、珍书情，更显境界高雅。

在当代藏书家中，收藏古籍的上海的黄裳先生，收藏新文学版本的北京的姜德明先生，都是卓有学识的作家、学人，在读书界无人不知。比如，姜德明——被收藏界称为开放型藏书家，曾有某藏书家寻得 1931 年《南开中学双周学术专刊》和《灰色圈内——八年沦陷素描》各一册，赠与姜德明，他欣然回赠京味《窥天集》初版与 1938 年徐迟编《纯文艺》（创刊号）各一册。像姜德明这样藏书有成的人，收藏的古旧书多藏有复本，可用以交换自己没有的书籍，这样就越藏越精。上海藏书家曹正文，南京藏书家薛冰，北京藏书家赵丽雅，也是今日藏书家之翘楚。另外，北京田涛、谢其章、刘建业，也都是颇有成绩的新派旧书藏家。

古今藏书家，多为性情中人，酷爱藏书中透射而来的那股古雅深邃、静逸无边的气息。明代藏书家吴从先有言：藏书之户明净而深，“读书得此护持，万卷尽生欢喜”。台湾当代作家李敖，藏书逾十万之众，每每喜于藏书氛围中纵横捭阖，在乐音中酝酿文思。□

本文作者为作家。

一位美国大学教师的书斋

◎ 高冰洁

藏书在我国从来不是新鲜事物，自古至今，藏书家数不胜数。但藏书也并非中国人的专利，而是世界爱书人的共同爱好。本文所要介绍的美国大学教师就是其中很普通的一员。我们并不知道他的真名，只知他是美国中西部一所文艺学院英语系的助理教授。他以笔名“托马斯·本顿”（Thomas H. Benton）发表了《我的私人图书馆》（My Own Private Library）一文，颇有些骄傲地介绍自己的藏书和体验。他痴迷于藏书，办公室、走廊、书房、卧室甚至厨房都藏有大量书籍，其个人藏书总量约达4000本，而且这个数量还在持续增加，俨然拥有一座小型分布式图书馆。

西文手抄彩绘本，藏于耶鲁大学西文善本图书馆。

姚伯岳摄

收藏什么书?

本顿的藏书杂乱而丰富。或许是由于古籍旧册数量日稀，或许是由于目下出版物文质多拙劣，本顿和很多爱书人一样热衷于四处搜罗二手书。多年收藏和研究的经验让他能够偶尔从旧书堆中廉价购得尚未被他人认出的珍品书。本顿视这些“淘”来的旧书为珍宝，颇有些引以为豪和津津乐道。除了二手书外，套装书和系列丛书也是本顿的最爱。比如《美国文库》，这套每年都会有新书出版的大型文集他始终坚持收藏，目前已经拥有约150本，而且对这套文库的收藏还会随着新书的陆续出版继续下去。此外，本顿还藏有一些书籍的复印本。当书籍出版较早，市面已难以买到或者一些珍本的书价过高，超出其经济能力时，他便复印这些书籍来收藏。本顿的藏书带有显著的私人藏书的特点，即主题覆盖面相对较窄，多与研究和兴趣有关。他的藏书虽然类型多样，但也主要是收藏与其研究相关的文史类书籍，同时收有部分厨艺和园艺方面的书籍。

西方爱书人的藏书室
选自《用书装饰你的家》英文版

从哪儿购书?

二手书市场自然是旧书收藏者的天堂。为了买书，本顿游走于世界各地的二手书店，他的旅行几乎都与收集图书有关。在新英格兰穷乡僻壤的书店，在波士顿、剑桥、纽黑文、纽约、芝加哥、华盛顿、阿姆斯特丹、伦敦的二手书店都有本顿的身影和足迹。而最棒的旧书王国——威尔士的“书镇”海伊更是让他流连忘返，沉迷其中。在这里，他曾经发现一堆珍品书籍，而不识货的店员每本只售一英镑，这让本顿一阵狂喜。

网络为书籍提供了更加自由和多元的流通渠道，在网上，可以从网络书店买书外，也可以很容易地从其他藏书人手中购书。网上购书除了通常能享受到一定的折扣优惠外，偶尔也能发现未被他人重视的珍品书或者虽然已经损坏但仍旧可读的珍本书。痴迷藏书的本顿当然不会放过这一途径，他经常到易趣（eBay）和搜书者（Bookfinder.com）网站闲逛，以期填补其收藏的空缺。

如何管理藏书?

大量藏书的管理是一项辛苦而艰巨的工作。本顿要亲手制作橡木书架，还要一次又一次地整理书籍。而当工作变动时，大量书籍的搬运和整理的辛苦更是只有他自己才能体会。为了管理这些图书，本顿煞费苦心，他按照科目、尺寸、开头字母乃至颜色的顺序对书籍进行排架，不仅讲求实用，还追求视觉的艺术享受。本顿经常摆弄和整理这些书籍，甚至一度学习过书本装订。他有时会觉得自己还有一份工作：私人图书管理员，曾经甚至爱屋及乌地打算改行去做一名真正的图书管理员。

为什么藏书?

本顿对藏书近乎痴狂，他买书花的钱要远远多于吃喝消费。他也引用美国著名作家尼古拉斯·巴斯贝恩 (Nicholas A. Basbanes) 的话，说自己已经“轻度走火入魔”。为何本顿会如此地痴迷藏书？他本人认为既有理性原因，也有非理性因素。

本顿将自己热衷藏书的理性原因归结为以下几个方面：

• 方便。图书馆虽然拥有大量藏书，但是图书馆的图书需要经过采访、编目、上架等环节才能为读者所用。当读者拿到这些书时，其时效性已经大打折扣，很多书的实用价值降低。而如果自己藏有这些书，就能够很快地找到它们而不用辛苦地前往图书馆，而且还不知道图书馆有没有所需要的书。

• 教学。作为教师，本顿体会到，直接将书籍交给学生要比口头向学生推荐一些书名更有效，因此他喜欢在课堂上传阅书籍，鼓励学生去真正地阅读它们。同一书籍的不同版本，在内容上可能存在差异，本顿热衷于收藏这些不同版本，以期得到更多的领悟与感受。他还会给优秀的学生机会来观赏某些书籍的首版样式，并通过这种方式来传递他对书籍的热爱。

• 经济。在本顿看来，买书或者复印书要比到图书馆借书更划算。在大城市，往返图书馆需要花费大量的时间和路费，若用这些钱来买书或者复印珍品书，得到的书将成为自己永久的财富，而不是消耗在路途上。而且如果愿意，这些书还可以成为学生或者同事的财富。另外，每个真正的藏书家偶尔都能发现尚未得到重视的珍品书，虽然有时仅仅是出于偶然。本顿曾花一美元买过一本被水浸过的林肯画册，竟发现里面藏有 19 世纪早期以来多位海军部长的亲笔手稿。本顿将其在易趣售出所得的钱足够一年买书之用。这真可谓别样的“书中自有黄金屋”，但是这种黄金恐怕只有渊博的学者和真正的爱书人才有可能挖掘到。

• 收藏。学者们拥有的旧书中有许多都曾由著名的学术前辈收藏过，里面通常还有前辈们的批注。浅薄的书商往往认为这些批注损毁了图书的价值，但事实上，这些旧书的批注往往比书籍本身更有价值。许多 19 世纪的文学作品都被与作者有重要关系的人收藏过，这些书籍还有助于考查作者和这些读者之间的关系。

• 共鸣。共同的爱好往往会拉近人与人之间的距离。旧书收藏者们可以一见如故，成为知己，也可以成为点头之交，相视而笑的朋友。书籍是作者思想传承的载体，对旧书收集的热情也让本顿觉得自己与已逝作者的联系更加紧密。

• 审美。本顿向往一种唯美的阅读生活。他爱书、痴书，书的样子、书的味道、书的感觉甚至书的制作都让他深深迷恋，沉醉其中。或许在他的心中，书籍就是一种无与伦比的美，而阅读就是一项唯美的行为艺术。

• 希望。书籍是知识的沉淀，同时也是新的研究的起点。买书不是亏本生意，而是一种投资，是对未来的投资，对学者而言尤为如此。持续的阅读不仅会增加人的底蕴和功力，还能及时了解和把握学术前沿，无疑是最佳的学术路径。

尽管上述缘由充满理性，无可辩驳，但是并非所有明白此理的人都会做出和本顿同样的选择。本顿的藏书嗜好或许更是出于某些非理性缘由。这些非理性的缘由，本顿认为或许是“某种心理障碍的表现，是为了弥补青年式的心理创伤”，也或许和收藏火柴盒汽车、玩具熊或者棒球卡的人一样，只是一种因爱好而生的痴迷。

不管出于何种缘由，自古至今，痴书人都不在少数。尼古拉斯·巴斯贝恩曾写了一本长达 600 多页的厚书《文雅的疯狂：爱书者、藏书狂和对书的永恒激

在西方的家庭藏书室里，书梯已经成了流行的装饰，这个书梯与书柜搭配得很合适。
选自《用书装饰你的家》英文版

情》（A Gentle Madness: Bibliophiles, Bibliomanes, and the Eternal Passion for Books），列数了2500年来无数的书痴、书狂对书的疯狂行径。或许这些书痴疯狂的搜书行为让我们难以理解，但我们却不得不承认，正是这些文雅的疯狂者创造了人类知识和书籍的历史，文明因这些人的存在而更加精彩。□

苏州十佳藏书家访谈录

◎ 采 访 人：郭腊梅
◎ 整理撰文：蒋蕾静
◎ 摄　　影：张海萍

2006年9月，首届苏州阅读节举行了“十佳藏书家”的评比活动。“十佳藏书家”评比活动从1994年开始，到2006年在苏州已举办了五届。目的是为了引导和激发广大市民阅读的热情，促进家庭藏书，提升人们的藏书品位。“十佳藏书家”活动面向市区家庭，凡是苏州市区常住户口并拥有书籍藏书量（不含报纸、期刊）3000册以上的市民均可报名参加评选活动。根据报名者提供的有关藏书情况，主办者组织有关专家和评委实地评估，对入围者的藏书数量、质量、特色、品位、价值以及陈列布置和用书成果等方面进行了综合考评，最后确定“十佳藏书家”。

瞿慰祖的家庭图书馆

2006年10月，在2006年首届苏州阅读节闭幕式上表彰了“十佳藏书家”，他们是：瞿慰祖（藏书量10000册）、朱广明（藏书量15000册）、张继馨（藏书量6000册）、祝兆平（藏书量15000

册）、董晓明（藏书量 6000 册）、王国栋（藏书量 10000 册）、蔡斌（藏书量 12000 册）、王清波（藏书量 12000 册）、凌鼎年（藏书量 6000 册）、俞前（藏书量 5000 册）。

2007 年 6 月，我们走访了“十佳藏书家”，被他们的故事深深感动，又因为“十佳”多是工薪阶层，更让人生出许多敬意。现在把他们介绍给广大的爱书人。

拥有自己的家庭图书馆——瞿慰祖

第一眼见到瞿老，他矫健的步履、矍铄的精神，真的不会以为这是位已经 73 岁的老人。三年前，瞿老在苏州环城河边成立了苏州华夏钱币文化有限公司，主要经营文物监管物品、国内版图书期刊、中外钱币邮票、苏州寒山艺术会社字画，以及旅游工艺品、商务礼品等。其特色为吴地文化，现有的销售商品，展示的收藏藏品及书刊杂志，均以苏州历史、文化、教育、旅游为主。瞿慰祖的藏书管理颇有特点，他请人按照《中国图书馆分类法》，把藏书进行分类，并逐一输入电脑，把自己的书房建成了一座家庭图书馆。

瞿老藏书已 50 余年，拥有藏书 10000 多册，他的藏书都是 1949 年以后出版的，各种门类均有，大多是与本人工作、学习、生活相关的藏书。藏书量多的是政治、历史文化教育、经济方面的，比较少的是娱乐性质的和科技方面的图书。

瞿老说，自己买书藏书是从看书开始的，因为从小失去受教育的机会，所以更加珍惜学习的机会。年少时看书，购书，主要是培养阅读的兴趣，增加知识，确立自己的志向。1951 年来到苏州，在 50 多年的时间里，他从事过工业、农业、商业、服务业的管理工作，在购书藏书中提高了自己的修养。而且在从事苏州城市规划、建设管理工作中，他迷恋上了苏州的历史文化，所以几十年里，购买苏州史志、城市建设方面的书籍近千本。退休后，主要是出于写作和丰富收藏的目的藏书。十年来他编写出版的《苏州城建大事记》、《苏州河道志》及有关城市规划、建设、管理方面的文章，以及正在收集资料，准备撰写的《苏州桥梁志》、《苏州邮政史》，均得益于自己丰富的藏书。他说自己藏书就是为了使用它们。

而现在，通过自己的公司，瞿老也把珍藏的一些书拿出来和大家共享，他认为珍藏的书要为社会起作用，让大家共同利用，才是藏书的真正目的。

一生清贫只为书——朱广明

观前街是苏州著名的旅游购物区，车水马龙，人潮如织。朱广明的家是一幢中西结合的两层楼的青砖旧洋房，有些地方已经裂开。它和马路之间隔了一条小河。其他房子临河的一面都漆成白色，唯有朱广明的家依然是青色，像一块大胡楂，这幢房子是他的爷爷留下来的，他的父亲朱季海是章太炎先生的“关门弟子”。

朱广明现年60岁，早年由于生活所迫，父亲没有工作，还有两个妹妹，早早地就在苏州医疗用品厂工作了。虽然生活清贫，可这丝毫没影响他对书的热爱。朱广明8岁时开始买书，目前已有藏书15000多册，以中外历史、文物、考古、美术、文字学为主，买书的账本已有厚厚一叠。他家里的书房也就是卧室，所有的家具都变成了书柜，连床上床下都是书。当被问到在买书、藏书的过程中有没有什么苦恼时，朱广明说：“藏书放不下是苦恼，但有这种苦恼也是幸福。”可见他爱书的程度。

朱广明小时候就爱看书。有一次，他在书店看到一套《辞源》，3块钱，就想买，但3块钱在当时对他来说是一笔大钱，无奈，他偷偷卖了母亲给他买的新衣，母亲知道后哭了，但还是陪着朱广明去了书店。但原来那套《辞海》已被识货的买走了，营业员给他介绍还有7元一套的，母亲犹豫再三，最后还是狠狠心替儿子买了。

朱广明认为藏书是为了利用，几十年的阅读生涯，使他在古文字的研究上已有相当的水平。虽然生活很清苦，但他对藏书依然执著。对于朱先生，我们除了敬佩，更有一份深深的祝福。

一生都在拼搏的藏书家——张继馨

82岁的张继馨先生住在苏州工业园区的一个大大的公寓里，三个车库的藏书，使他获得了2006年苏州十大藏书家的桂冠。

张先生是著名花鸟画家，19岁拜著名画家、“吴门画派”嫡系传人张辛稼先生为师。其写意花鸟画炉火纯青，虫鸟画尤为出众。

张先生藏书和阅读的目的很简单，即提高自己的知识和艺术技能，以及在编写和创作上有所启迪和借鉴。

他小时候由于家境贫寒，没读什么书，14、15岁就去上海做童工，因老板虐待，两年后逃亡苏州，到煤炭店打工。晚上拿着向朋友借的书籍和资料，进行临摹和研

张继馨和他的书画

究，强烈的求知欲和顽强的拼搏精神使他通过自学，在书画上体现出很深的造诣，获得了工艺美术的高级职称，同时现在还担任了苏州大学、广州大学、江苏电大的兼职教授。

张先生藏书是在改革开放后，随着经济条件日益宽裕，他开始购买所需的书籍。在张先生的藏书中，大部分为收藏的画册，其中以吴门画派的作品最多，其余是一些文艺理论的著作。收藏中很多是国外和中国台湾出版社出版的著作，这些也是在大陆很难觅到的，异常珍贵。张先生在作画之余，编写的各种散文、理论和技法集已达46册，加上目前正在编写的，将会突破50册。对于自己取得的这些成果，张先生都归功于自己的藏书，他说："我是一个有拼搏精神的人，一直在不断前进，不断向上和追求，包括艺术上的，这种精神需要资料，需要书来支撑。行万里路，读万卷书。作为一个成功的画家，需要不断在生活中感受，在生活中收集素材，这就需要从书籍中增加知识，增加对传统的认识，增加悟性。而藏书能够提高我的悟性和理解力。"

读书藏书将伴随一生——祝兆平

祝兆平读书藏书可谓到了一定的境界，他认为读书藏书与人生一样是分阶段的。为了改变生活、提高生活质量而读书是一个阶段，为了研究某个问题，为了写一篇文章而读，也是一种方式，甚至不为研究什么、解决什么问题而单纯地进行读书也是一种乐趣。

在苏州十大藏书家中，祝兆平的藏书是最多的，达到15000册，主要以文史、社科和艺术类图书为主，这与他个人的爱好和工作性质有关。自小爱好文学的他,经常拿着省下的钱到苏州古旧书店看书买书,大学毕业后一直从事新闻工作,所以也购买了一些专业方面的书籍。

在爱读书、爱藏书的文人眼里,好书就像娇妻,就像爱子,就像推心置腹无话不谈的情人和朋友。潘汉年在文化艺术界的老战友和好朋友唐瑜写的、由大艺术家黄苗子题签、黄永玉画像的《二流堂纪事》,十年前安徽文艺出版社出过一个版本,其内容和文笔令祝兆平捧读之余时笑时哭,时畅怀时郁闷,他认为这是非常值得收藏的一本书,曾多次推荐给朋友分享。有一次他从报纸上看到广告介绍,说现在三联书店又出了该书的一个图文增订本,而增加的一些图画照片本身就是很好的历史和艺术见证。他跑了两次书店才淘到了此书,视为至宝,并忍不住又通读一遍,又是时笑时哭,还强迫太太与他分享阅读的快乐。

充实的一生不可能没有书。祝兆平藏书不是为了附庸风雅装潢门面。在他看来,好书就像一坛老酒,一壶清茶。藏之愈久,品之愈香。他用读书来倾听,用写作来倾诉,用藏书来积淀。他认为到了他这个年龄,读书已成为一种生活方式,不是为了沽名钓誉或者改变自己的生存环境生活条件,改变地位而读书。他把任何闲暇时间都用来读书,每每读到一段精彩的文字,甚至会拍案叫绝。在几十年的读书生涯中,祝兆平在报刊上发表了10万余字的文章,还因读书藏书出版过几本书:《板凳集》、《春秋集》、《书人交游》。他说:“有人感到别的能使人满足,我却只能从书中获得生活和人生的甜美感。一切都将成为过眼烟云,但读书和藏书将伴随自己的生命始终,无功利、无名利、只为自己的精神愉

祝兆平的书柜

悦。”

藏书是人生最大的乐趣——董晓明

董晓明在大学主修的是英美文学，有扎实的英语功底，又有多年在美国的生活经历，因此他的藏书中，英文原版书比较多，内容涉及文学、艺术、经济、哲学、环保等类别。从初中开始便经常看书的他，打那时起就喜欢买书，久而久之，书越买越多，丢弃又不舍得，所以就开始藏书了。他说，藏书不是为了炫耀什么，而是希望通过读书能取得一些成果。多年来，董晓明已经翻译、编著出版了30多种数百万字的作品。

他一直很谦虚地称自己不是藏书家，虽然好书也有不少，却没有版本学意义上的珍本和善本。他最满意的是客厅里那种以书为壁的感觉。书架直达壁顶，一架架连过去，造成了一种逼人身心的文化氛围。走进书房，就像走进了漫长的历史，鸟瞰着辽阔的世界，游弋于无数闪烁的智能星座之间。

买书、读书、藏书、查书、赏书、译书、写书、出书、再买书、再读书、再藏书……这是一个周而复始的过程，藏书读书对于董晓明来说，好处多多，其乐无穷。读书使他增长知识，开阔视野，修身养性，陶冶性灵，使其脱凡拔俗，做一个纯粹真诚的人。他介绍说，他并不会去精读每一本藏书，有些经典著作需要反复阅读，有些只需泛读即可，有些只是工具书，需要查询资料的时候才会翻阅它。有的书读的时候可能没什么特别大的感觉，但是过了十年、二十年，你才会发现，它可能在潜移默化地影响你的一举一动。恐怕只有真正爱读书，爱藏书的文人们才会领会到这一点。

一个有“痴气”的藏书家——王国栋

一个人有爱好很重要。古人讲：人无痴不可与交，以其无真情也。人无癖不可与交，以其无真气也。王国栋就是这样一个热爱藏书和彩陶的传统文化爱好者。

走进王国栋的家，你会被他的收藏所吸引。虽然房子不是很大，装修也很简陋，但是他收藏的10000多册书和在苏州独一无二的彩陶，可谓其最大的财富。藏书者往往自得其乐，又担惊受怕地过着日子：担心一屋子书在若干年后将何去何从。王国栋却没有这样的担忧，因为他的儿子也钟爱藏书，而且和他志趣相投，可谓后继有人。爱书人有的是受家庭熏陶，有的则是专门研究古代典籍的研究者，更多的则是兴趣使然。王国栋可以说是三者皆具，作为一名传统文化爱好者，又是著名的彩陶收藏家，所以他收藏了相当多彩陶方面的书籍。他在彩陶研究方面造诣颇深，出版了多本彩陶方面的著作，同时还出版了教育、新闻、宗教等方面的著作。

王国栋向我们讲述了一次疯狂而又骄傲的买书经历，他曾在北京淘到很多以前的保密资料，相当珍贵，最后通过集装箱把书运了回来。而他平时的爱好也就是逛书店，买书，每次拿到儿子从国外带回的彩陶原版图书，会欣喜若狂，比收到其他礼物更开心。

王国栋认为，藏书最重要的是需要家庭的支持，他的妻子对他的举动非常赞成。同时藏书一定要藏学用相结合，才会比较完整。藏书最高的境界就是看和用，把它再次提升，回馈社会，这样的藏书才有意义。

做一天好人，读一天好书——蔡斌

蔡斌痴迷于买书藏书，但是对家里究竟有多少册图书并没有十分清晰的概念，他说是在评选十佳藏书家的时候，别人替他统计出有 12000 册藏书。尽管如此，蔡斌仍然谦虚地说："我这点书算什么？苏州一些学者，家里的书比我多多了！"

读书藏书不仅与一个人的性格有关，他所处的时代、环境、年龄、心情，同样也影响着他对书籍的选择和阅读。"少年读书，如隙中窥月；中年读书，如庭中望月；老年读书，如台上玩月。皆以阅历之浅深，为所得之浅深耳。"蔡斌说，在一个人不同的成长阶段，随着兴趣的不断转移，知识结构的不断调整，藏书的范围也会发生转变。蔡斌从初中起就开始买书藏书，他的藏书比较杂，以人文社科居多，有外国文学、区域文化、世界文明史、文化专题史等。因涉猎广泛，这位大学教师已经教授过三四十门课。

蔡斌喜欢通过书和别人交流，他认为这是一种既健康又有乐趣的方式。当朋友提出向他借书，他会很慷慨地把书借给朋友，即使以后不归还，他也没有任何怨言。

在蔡斌的博客里有这么一句话，在世上一日，则做一天好人，读一天好书。对于只有 35 岁的年轻藏书家来说，这些藏书将是他一生的财富。

买书读书是一种乐趣——王清波

王清波在苏州十大藏书家中是藏书条件最优越的藏书家。

走进王清波的别墅，你会惊讶于如此大的别墅，装修却如此简陋。但一走进位于顶楼的书房，才能感觉到这个家庭因为拥有如此多的藏书而富有。

王清波藏书，纯粹就是因为喜欢读书。1975 年高中毕业后，他把工作之余的所有时间都是用来读书，于是每个月省下来的钱都用来买书，就这样越买越多，而且一买就是 30 多年，以至于拥有现在 12000 多册的藏书量。这些书一部分是自己利用，一部分是用来收藏的。有些书明明知道不会用，但就是想要，是癖好。他的藏书很杂，包括医学的、古典文学笔记、现代文学、现代史、文艺理论、外国文学等，但他都进行了归类，很方便查找。

在所有藏书中，王清波最引以为傲的是一套《四部丛刊》，是当时新华书店处理给他的，才 100 多块钱，他说简直是拣了个大便宜了。谈到这件事，王清波的脸上流露出得意的笑容。

王清波作为一名车行的老板，如果一心一意经营，相信应该已经获得非常丰厚的回报。而他却将读书看得比经商更重要，他认为，买书读书能使人达到的精神境界是其他活动不能做到的。几十年来从阅读中获取的养分，让他充分感受到书给他带来的

王清波及其藏书

无穷乐趣。

谈到今后的打算，王清波说想写一些反映地方特色的东西，比如口述笔录，常熟的老话，采集常熟的民歌，因为随着年代的迁移，这些非物质文化遗产将弥足珍贵。我们期待王清波的愿望能够早日实现。

阅读，为创作插上翅膀——凌鼎年

凌鼎年是知名的微型小说作家，拥有藏书6000余册。但他谦虚地说："比起我的书友，如南京的书评家徐雁教授、作家薛冰，苏州的作家王稼句等三四万册的藏书量，我的藏书甘拜下风。"

凌鼎年的书柜

凌鼎年并非为藏书而藏书，他的藏书以知识性图书为主，涉及的面较广：周易八卦、风水相面；考古、民俗，历史、地理；园林、建筑，医药、炼丹；工艺、美术，旅游、摄影，等等。买这些书，不求书的外观是否漂亮，不在乎书的定价高低，只关心书中是否有他需要的内容，有时哪怕为了区区几十个字。

1997年，他买了一套"中国边疆探察丛书"，包括《天山问穹庐》、《寻找被遗忘的王朝》、《西南访古三十五年》、《无声的塔克拉玛干》、《鲜卑石室寻访记》、《叩开辽墓地宫之门》等六本。在阅读过程中，他无意中读到了一段关于古代游牧民族驯鹰的文字，称之为"熬鹰"。经过熬鹰，那些桀骜不驯的鹰隼才会成为猎人的好帮手。这熬鹰的法子极其原始，当他一下注意上了这段文字，就用书签夹在其中，以备他用。写过小说的都知道，故事好编，细节难觅，细节必须来自生活，必须真实。而且关键是如何用，如何用得恰到好处，用得天衣无缝。凌鼎年就特别注重平时资料的积累。

有一年，凌鼎年应邀到内蒙古去讲课，讲课之余到达茂草原、鄂尔多斯草原、科尔沁草原等转了转，一直跑到了中蒙边境，草原回来后，他一气写了二十多篇游记散文，因为看过不少关于内蒙古历史的书，历史与现实穿插着写，因此写起来得心应手。在写游记时期，又收到约稿信，约他写微型小说。于是他又想起了那“熬鹰”的细节，草原的背景一下子使他灵感闪现，就此构思了一篇少数民族题材的微型小说《猎人箫》，这故事写得很惨烈，不少读者都认为这篇作品既有可读性，又有知识性，非常喜欢。有读者来信问他：你乃江南人，怎么对草原，对驯鹰这么了解？他回答说，这些都是读万卷书，行万里路得来的。

凌鼎年一直很感谢他的藏书，因为阅读不但让他增长知识，也为他的创作插上了翅膀。

读书、藏书、编书、著书——俞前

对藏书执著到痴迷，也许是俞前之所以成为俞前的根本原因。他出差到一个地方，不去逛商场，而是逛书店，带回家的尽是书。他自己形容自己对觅书有一种亢奋。俞前现有藏书5000余册，虽然在藏书家中数量不算最多，但是却很有特色。他

小贴士：

金庸的选择——“牢中读书”

在2007年6月29日《艺术人生·走进金庸》节目中，节目主持人朱军与金庸有一段关于读书的对话。

朱军：“您写了一辈子书，今天您怎样评价读书？”

金庸：“读书是人生最大的乐趣。”

朱军：“如果有十年时间让您重新选择生活，您怎么选择？”

金庸：“如果这十年中，一种是让我坐牢，但是给我书看；另一种我有自由，但是不让我读书，我选择第一种——在牢中读书。”

（赵杨　摘录）

的藏书不为门面，大致为工具书，人才学、历史和文学方面的书。在文学方面，重点是散文、历史笔记、吴江人的著作。这几年他因致力于编写反映吴江地方特色的著作，故以收藏此方面的书籍为主，而这部分书也占到了全部藏书的三分之一。

俞前认为读书是人生的基础，更是编书、著书的基础。俞前为其书房起名为“起明居”，书房里书籍琳琅满目，客厅里桌椅古色古香，院落里假山花木青瓦粉墙错落有致。这里，淡雅幽静，不仅是他的读书之地，也成了文朋诗友的吟诵场所。他说，读书就是要大家一起读，互相交流读书心得，共同分享读书带来的快乐。他也主办过好几次读书沙龙，将爱书的朋友聚集在一起。

谈到对年轻人读书藏书有什么建议，俞前说，虽然现在是网络时代，但是并不能取代读书藏书，年轻人可以有选择地读/藏一些适合自己的书，同时要认真做笔记，将自己的东西和看到的东西相结合，写一些文章。年轻人多读些书，无论是对自己还是对社会都是有利的。□

读什么书？藏什么书？

阅读起步者的最佳书

秦文君推荐给小读者共享的书单

可爱的图画书

成人也爱看的绘本和漫画

科普读物最佳书

美丽人生的“悦读”书目

在恐怖和紧张中释放现代生活的压力——推理小说最佳书

最好的厕所书

适合各种不同心情、时刻、理由的书

不爱读书的孩子的最佳书

阅读的人生：老年人的书

连环画最佳书

十本最佳自然读物

凌鼎年推荐阅读的微型小说集子

阅读起步者的最佳书

◎ 霍志玮 编

什么是阅读起步者？阅读起步者可以理解为刚刚接受学校教育不久的低龄儿童，也可以是以前没有阅读课外书习惯的人（没有年龄限制，既包括青少年，也包括成年人）。在这个书目中，编者取后一种理解，旨在为您——以前没有阅读习惯的人，开列适合阅读并能燃起持久的阅读兴趣的书目。基于这个目的，我在选书时，注意选择一些我真正读过、感到有趣并且有意义的书。这些书也许并非每部都是名著，文字也都比较平易，但我相信这些书也会让您爱不释手。同时我尽量选择不同类别的好书，例如既有能在阅读时起指导和帮助作用的工具书，也有历史、自然、科学和文学方面的图书，还有轻松、明快的绘本书。总之，我希望这个书目不会把那些以前不爱阅读或没有养成阅读“闲书”习惯、现在开始尝试阅读的人吓跑，反而是激发出了阅读的兴趣，加入到爱书人的行列。

1.《爱上阅读》

编者：邓咏秋、李天英

出版社和出版年：武汉大学出版社，2007

这是一本能在你的阅读道路上帮助你的书。书中散发着对阅读的热爱气息，话题皆与阅读有关。主要内容包括：大学和专家开列的推荐书目，读书或买书的指南，中外阅读故事，阅读的妙语，走进图书馆的 N 个理由，图书馆里的奇遇……《爱上阅读》洋溢着浓郁的书香气息，感染着更多的人来爱书。

延伸阅读：如果想对有关阅读、书籍的知识有更多的了解，建议阅读《中国读书大辞典》，王余光、徐雁主编，南京大学出版社 1993 年版。

2.“话说中国”系列

作者：杨善群等

出版社和出版年：上海文艺出版社，2005

中国人历来对历史有浓厚的兴趣，普通家庭即使只有少量藏书，往往也少不了历史书。在出版业发达的现在，各类历史书层出不穷，要我向普通家庭和阅读起步者推荐一种的话，我会推荐“话说中国”系列。这套丛书具有鲜明的特色：图文交融，精美的图片，有趣的故事，以及西方百科全书式的编排方式，真正可以做到让读者爱读。

这套具有现代意识的历史文化百科全书共 16 册，全彩印制，总定价达 1100 元，即使在网上书店打折购买往往也要六七百元。价钱确实不菲，读者不妨先到图书馆借阅其中的单册，如有必要再考虑是否添置为个人藏书。

3.《三国演义》

作者：罗贯中

出版社和出版年：(1)人民文学出版社 1990 年版；(2)对于少儿读者，可推荐阅读中国少年儿童出版社 2006 年青少年白话美绘版，苗洪改编

易中天的“品三国”在电视上讲的是如火如荼，台下观众听得是全神贯注，这部经典名著“魅力依然”，真可谓是文学艺术中一颗璀璨的明珠。书中的许多故事在中国简直就是家喻户晓，这部用半文半白的语言写成的历史演义小说，“文不甚深，言不甚俗”，简洁明快，雅俗共赏，其文学魅力历来为人称道。许多后代文人在回忆自己早年的阅读生活时都会提到这本书，如作家冰心回忆少年读书生活时谈到，自己因不满足于舅舅每天讲三国故事只能讲一小段，于是在七岁时便开始自己阅读《三国演义》。鉴于这本书的趣味性和文学魅力，我把这本书也推荐给阅读起步者。对于低龄读者来说，可以先阅读其少儿版，待到感觉意犹未尽时，可阅读成人版，就这样，你的阅读能力和写作能力必然能在不经意中提高。

4.《我的第一套科学漫画书丛书》第二辑

作者： (韩)洪在彻,柳已韵著;徐月珠译

出版社和出版年：二十一世纪出版社,2007

都市生活、现代文明把我们与自然断绝开来,使得我们难以真正地面对自然。实际上，每一个现代人都有一个回归自然、亲近自然的情结。这本书描述的都是“野外求生”的科学知识,有惊险的情节,有实际的生活场景,有博物科学的知识。它堪称是一本培养智慧和勇气的“生存圣经”,你想知道在神秘的石灰岩洞穴里,住着什么样的奇怪生物?准备好坚强的意志和丰富的科学常识,跟着蓝色行装的毛毛去探险吧!

5.《小王子》

作者:(法)圣埃克苏佩里

出版社和出版年： 人民文学出版社马振骋2000年译本或中国友谊出版公司彩色插图本(胡雨苏译,2000年)

这是一本成人也可以看的童话,这个世界里有一个永远不肯长大的小王子。青春正浓或青春已逝的你,随着这本书触摸一下你心灵的柔软之处吧,你会察觉原来生活并不如现实那么残酷,而是有着童话般的美丽。城堡,王子,星星,玫瑰,你心底里沁出的温柔,都将围绕在你身边,如烟花般灿烂,如美酒般醇厚,一切都是那么静谧、和谐、唯美。

6.《一千零一夜》(旧译《天方夜谭》)

出版社和出版年：人民文学出版社汉译本,纳训译,2003

还记得《阿里巴巴和四十大盗》的故事吗?它一定能够让你想起阿拉伯的这部来自于民间的故事集。它让我们展开想象的翅膀自由地驰骋：无所不能的神灯与魔戒;会飞行的乌木马等等。这些故事将我们心中的美好愿望,通过幻想,与现实奇妙地融合了起来。它描写了人们追求美好生活的强烈愿望,也赞美了他们的优秀品德和聪明才智。让我们放下生活和工作,轻松地阅读它,自由地去体会无限的想象力和创造性吧。

7.《欧·亨利幽默小说选》

作者：（美）欧·亨利著；王永年译

出版社和出版年：人民文学出版社，2007

一说到欧·亨利，很自然地就能想到《麦祺的礼物》和《最后一片绿叶》等经典名篇，深深吸引我的不仅仅是故事的情节，更是故事背后的真情。这本书由一个个幽默风趣的短篇小说串联而成，其中包含《警察和赞美诗》等，作者常以“含泪的微笑”来抚慰生活失意的小人物的心灵创伤，夸张、嘲讽、双关等幽默手段更是运用自如。尤其体现欧·亨利小说特色的，就是他的小说常在故事末尾来个 180 度大转弯，让主人公的命运突然发生意想不到的变化，在看似荒唐的结局中给读者以深层的思索和启迪。

8.《杨六郎挂帅》（杨家将九代英雄传之三）

编者：田连元

出版社和出版年：书目文献出版社，1995

杨家将的故事可谓家喻户晓，街知巷闻，并且经由评书这种通俗的艺术形式广为传播。这套“杨家将九代英雄传”共九本，是由现代知名的评书家将他们的评书底本整理而成。其中，田连元的这本“杨六郎挂帅”最有吸引力。阅读起步者，不妨一试。如果读后意犹未尽的话，可把这套书的其他册找来阅读，以更好地

了解杨家将故事的始末。

9.《射雕英雄传》

作者：金庸

出版社和出版年：广州出版社，2006

武侠小说，以金庸为冠。金庸拥有数量可观的"庸迷"。金庸作品的最大特点是耐人寻味，百读不厌，它侧重于一个"侠"字，那几个金庸笔下脍炙人口的主角，大都是从乱世之中成就侠名的英雄。

说到《射雕》，热爱武侠的读者恐怕都能朗朗上口吧，我爱上武侠也是从喜欢木讷善良的靖哥哥和古灵精怪的蓉儿开始的，金庸巧妙地利用了南宋末年的历史背景，为我们讲述了一代英雄——郭靖的成长过程，以及江湖上的恩怨情仇。书中，郭靖的憨厚，黄蓉的聪明，杨康和完颜洪烈的阴险狡诈，周伯通的顽皮贪玩都让我痴迷。

10.《许三观卖血记》

作者：余华

出版社和出版年：南海出版公司，1998

初识余华，是看一部根据他的同名小说改编的电影《活着》，那曲折的故事情节和巩俐、葛优的形象表演都给我强烈的震撼。再次关注就是这本《许三观卖血记》，它和《活着》同时入选百位批评家和文学编辑评选的"九十年代最具有影响的十部作品"。小说围绕着卖血的琐事，展现着一个男人的责任，诉说着一个男人的无奈。这饱含辛酸的经历，却巧妙地被作者用幽默的语言描述出来，主人公的"苦中作乐"更是让读者感同身受。

秦文君推荐给小读者共享的书单

◎ 章旭 摘录

秦文君,女,著名儿童文学作家,1954年生于上海。这张书单出自2005年5月4日《中国教育报》第4版上的一篇文章,题目为:感动今天的孩子其实不容易——访著名儿童文学作家秦文君,作者:北师大儿童文学博士陈莉。

1.**《长袜子皮皮》** 作者:(瑞典)阿·林格伦

推荐理由:精妙的童趣和超凡的想象。

2.**《小妇人》** 作者:(美)露易莎·梅·奥尔科特

推荐理由:四个少女的成长历程,温情感人。

3.**《猛狮爱尔莎》** 作者:(奥地利)乔·亚当森

推荐理由:人兽之间的动人故事。

4.**《安吉拉的骨灰》** 作者:(美)弗朗克·迈克特

推荐理由:以诙谐手法来描写少年时的苦难。

5.**《汤姆·索亚历险记》** 作者:(美)马克·吐温

推荐理由:以幽默的视角来叙写人生。

6.**《是我心上的温柔》** 作者:阿浓

推荐理由:亲情,爱情,友情,让人读了心软和感动的一本书。

7.**《妞妞,一个父亲的札记》** 作者:周国平

推荐理由:真实有时是最有分量的,这书里有一种沉甸甸的东西。□

[编者按]　王一梅，儿童文学作家，1994年开始童话创作，出版书籍40多册。曾获中国作家协会第五届、第六届全国优秀儿童文学奖，第五届国家图书奖，第十三、十四届、十五届冰心儿童图书奖等，陈伯吹儿童文学奖等奖项。

可爱的图画书

◎　王一梅　编

我们的生活中处处可以看见图文结合的艺术样式，比如广告、比如食品包装、比如电视等图像媒体。我们会发现，图和文结合构成的艺术境界并不等同于纯文字和纯图片的简单相加，会因为图和文的结合产生新的艺术创意。图画书便是这样的一种图书形式。它集合了图画和文字的审美因素，使儿童获得知识、情感、想象、哲理以及趣味等方面的综合营养。

本目录选取的篇目既有国际图画书获奖图书，也有中国原创优秀图画书。图文并茂，内容形象生动，想象丰富，主题趋向开放和人文，有的关注心灵世界，有的关注生活。为儿童成长提供了丰富的精神食粮。

1.《小魔怪黏巴达》

作者：(美)乔治·桑德斯　著，黄筱茵　译

出版社：中信出版社，2003年9月出版

推荐理由："你的袜子粘到过浑身是刺的果子吗？"这个果子就是黏巴达，当智商只有 3.7 的亮橘色生物黏巴达开始开动脑子，这个世界该是怎样地复杂啊。

适合年龄：10岁至13岁（小学3—6年级）

2.《月亮，生日快乐》

作者：(美)法兰克·艾许　著，高明美　译

出版社：少年儿童出版社，2006年2月出版

《月亮，生日快乐》内页

推荐理由：月亮太高了，月亮听不见。小熊爬上树梢，小熊走过树林，小熊登上山顶。月亮就在眼前，小熊叫月亮，月亮在回应，山谷在回响。小熊的生日就在明天，月亮的生日就在明天。于是，小熊和月亮都得到了喜欢的生日礼物。

适合年龄：6 岁以上（幼儿园大班和小学低年级）

3.《母鸡萝丝去散步》

作者：（美）佩特·哈群斯　文／图，台北上谊编辑部　译

出版社：少年儿童出版社，2006 年 1 月出版

推荐理由：　这是一本绝对会让幼儿笑得前仰后合的图画书。哈哈，母鸡萝丝悠然自得地去散步了。兜了好大一个圈子，它又悠然自得地回来了。可这位乡下傻大姐完全不知道，它身后已经闹翻天了……

适合年龄：4 岁以上（幼儿园和小学低年级）

4.《当世界年纪还小的时候》

作者：（比）于尔克·舒比格　著，林敏雅　译

出版社：华夏出版社出版，2000 年 5 月出版

推荐理由：一本孩子比大人更容易读懂的书。一本大人看

起来莫名其妙，孩子看起来趣味十足的书。

适合年龄：9 岁至 13 岁（小学 2–6 年级）

5.《鳄鱼怕怕牙医怕怕》

作者：五味太郎　著，台北上谊文化编辑部　译

出版社：少年儿童出版社，2004 年 10 月出版

推荐理由：这是一本用重复语言，重复图画表现的绘本，把患者鳄鱼与人类牙医之间每时每刻所发生的微妙心理与变化描绘得简单生动，让人捧腹大笑。

适合年龄：4 岁以上（幼儿园和小学低年级）

6.《你很特别》

作者：(美)陆可铎　著，(美)马第尼斯　图，郭恩惠　译

出版社：中国妇女出版社，2004 年 6 月出版

推荐理由：创造者木匠伊莱对胖哥说：“你很特别，因为你就是很特别，不需要任何条件。”读这个故事让每个孩子对自己充满自信。

适合年龄：4 岁以上（幼儿园和小学低年级）

7.《**失落的一角**》

作者：谢尔·希尔弗斯坦　著，陈明俊　译

出版社：南海出版社，2003 年 8 月出版

推荐理由：行进中的圆好不容易追寻到那失落已久的一角，却失去了追寻的快乐。该失望？该快乐？该守候？还是该继续前行？一个简单的故事，能留给我们无尽的思考。

适合年龄：4 岁以上（幼儿园和小学）

8.《**爱心树**》

作者：谢尔·希尔弗斯坦　著，傅惟慈　译

出版社：南海出版公司，2003 年 8 月出版

推荐理由：这是一本黑白图画的书，语言简单得像一首民谣，故事也只是男孩和苹果树之间的故事，男孩不断向苹果树索取，苹果树一次又一次奉献。简简单单之中让人瞬时间感到爱的伟大，瞬时间感到爱的心酸。

适合年龄：4 岁以上（幼儿园和小学）

9.《**活了 100 万次的猫**》

作者：（日本）左野洋子　著，唐亚明　译

出版社：接力出版社，2004 年 10 月出版

推荐理由：一只猫活了一百万次，死了一百万次，生生死死对于它来说已经无所谓，它饱经了生命的风雨和挫折，唯有它心爱的白猫离它而去时，它流泪了。这个描写了生与死以及爱的故事，足以让人读一百万次也不厌倦。

适合年龄：8 岁至 13 岁（小学 1—6 年级）

10.《**我有友情要出租**》

作者：方素珍　著，郝洛玟　图

出版社：中国和平出版社，2006 年 4 月出版

推荐理由：一个幽默的童话故事，一个略带伤感的动人故事，一个真挚的友情故事，它讲述了人性中的寂寞，更讲述了人际交往的真谛，它适合大人讲给孩

子听，也适合孩子们一起共读，最佳的读法是——大人和孩子开开心心地聊一聊。

适合年龄：4岁以上（幼儿园和小学低年级）

11.《蚯蚓的日记》

作者：(美)克罗宁　文，(美)布里斯 图，陈宏淑　译

出版社：少年儿童出版社，2005年9月出版

推荐理由：这是一本极为有趣的图画书，以日记书写的方式，记录和表达了小蚯蚓的观察及思考。从小蚯蚓的观点看世界，记录了学校、家庭和朋友之间的生活点滴，还有对自我、未来的想法，很能得到孩子认同。同时也在幽默诙谐的语调中，传达有关不同生物和地球的相关知识。帮助孩子培养乐观向上的态度及多元思考的习惯。

适合年龄：6岁以上（幼儿园大班和小学）

12.《书本里的蚂蚁》

作者：王一梅　著，颜青　图

出版社：新蕾出版社，2002年7月出版

推荐理由：一只被书夹扁了的小蚂蚁，带领着书中的文字，组成了一个个变幻无穷的故事。你不想结识这只神奇的小蚂蚁吗？

适合年龄：4岁以上（幼儿园和小学）

13.《一封奇怪的信》

作者：冰波　著，颜青　图

出版社：海燕出版社，2007年1月出版

推荐理由：一段颇费周折的故事让人感动，一片浓浓的关爱之情让人为之动容。慈母龙妈妈以其特有的方式，体贴关爱着年老而孤单的雷龙，而雷龙也在送"信"的途中竭尽全力关爱着她的"信"。能够用心关爱别人的人，必定会得到许多幸福。

适合年龄：4岁以上（幼儿园和小学低年级）

14.《兔子的胡萝卜》

作者：王一梅　著，卜佳媚　图

出版社：海燕出版社，2007 年 1 月出版

推荐理由：这是一个冬日温情的故事，兔子、雪人、鸟由胡萝卜巧妙地贯串成一个圈。他们仨在不计回报和付出的同时，也都得到了回报，而且获得了真诚的友谊。愿孩子们也能够如兔子、雪人、鸟一样，在得到的时候学会付出、在被爱的时候学会爱。

适合年龄：4 岁以上（幼儿园和小学）

15.《1+26 只戴高帽的猫》

作者：（美）苏斯博士　著，任溶溶　译

出版社：上海译文出版社，2002 年 9 月出版

推荐理由：苏斯博士（Dr. Seuss）是美国最受欢迎的儿童文学作家和插图画家。苏斯博士的作品蕴含着先进的人文精神和教育理念，不但能够极大地丰富儿童的想象，启迪儿童的智慧，提高儿童的阅读和作文品位，而且也对教师和家长有益。

适合年龄：4 岁以上（幼儿园和小学低年级）

16.《**一只与众不同的乌鸦**》

作者：卡罗拉·荷兰特　图，埃迪特·施爱伯·威克　文，三禾　译

出版社：二十一世纪出版社，2006年4月出版

推荐理由：当所有的乌鸦都是黑色时，彩色乌鸦当然就与众不同了。不过，这与众不同并没有给彩色乌鸦带来好运，他频频受到同类和其他飞禽的驱逐，最后只有飞进浓浓白雾中。幸好这只是彩色乌鸦做的一场噩梦。不过乌鸦的首领也……

适合年龄：4岁以上（幼儿园和小学）

17.《**红鞋子**》

作者：汤素兰　著，赵晓音　图

出版社：明天出版社，2003年8月出版

推荐理由：红鞋子的故事说的是需要伙伴。红鞋子的伙伴就是另外一只红鞋子。两只红鞋子在一起，我们才看得见“走路”，甚至看得见“奔跑”。在那样的时候，它们真是神气和抖擞的。

适合年龄：4岁以上（幼儿园和小学）

18.《**卡诺小镇的新居民**》

作者：吕丽娜　著，黄丽　图

亲子阅读
邱冠华摄于奥斯陆公共图书馆

出版社：海燕出版社，2007 年 1 月出版

推荐理由：卡诺小镇的生活是单纯快乐的。小妖怪的出现打破了这种宁静。而他和山米的经历却告诉孩子们，只有大胆地尝试去了解、辨别、发现、体会，用宽容、平等的心态与人共处，才能从容面对陌生人和陌生的环境，得到意想不到的收获。

适合年龄：4 岁以上（幼儿园和小学低年级）

19.《睡鼠的睡梦时光》（雅诺什绘画系列）

作者：（德）雅诺什　著，皮皮　译

出版社：浙江少年儿童出版社，2007 年 2 月出版

推荐理由：扑扑夫和皮茨卡是好朋友。扑扑夫是人，但会飞；皮茨卡是个睡鼠，不会飞。皮茨卡也想飞起来，但他最喜欢的事情是睡觉，他不仅能躺着睡还能站着睡、走着睡……在被劫持的时候居然还睡着。但是他有个会飞的好朋友扑扑夫，好朋友能见死不救吗？！可惜，扑扑夫是个老头，飞得太慢了！你猜结果怎么样……

适合年龄：8 岁以上（小学）

20.《云朵面包》

作者：（韩）白嬉娜　著，陈艳敏　译

出版社：上海人民美术出版社，2007 年 3 月出版

推荐理由：不是每个孩子都可以从雨树上摘下云朵，不是每个妈妈都能将云朵加糖发酵，也不是每个爸爸都可以在装豆芽一样的盒子车上吃到云朵早餐。可是啊，就是那么一点点，一点点从天而降的想象，生活就像云朵一样轻盈地飘了起来，飞过城市的上空，小心翼翼而惊喜非常。这就是被童话照亮的瞬间啊，此刻你有没有发觉，自己的心正在变得好柔软，并且发出美丽而轻微的叹息呢？

适合年龄：4 岁以上（幼儿园和小学低年级）

21.《忙忙碌碌镇》

作者：（美）斯凯瑞　著，李晓平　译

出版社：贵州人民出版社，2007 年 5 月出版

推荐理由：在《忙忙碌碌镇》中，温和的动物居民们过着快乐而忙碌的生活。

作者通过一个充满童话色彩的小镇，介绍了日常生活的方方面面，比如农场的工作、消防员救火，坐火车旅行、修建一条新路、树木的利用等。

书中涉及各种各样的职业，涵盖的信息非常丰富，对孩子了解社会生活有着良好的引导作用。同时，妙趣横生的故事情节，大量隐藏着的图画信息，可以让孩子长时间地投入阅读和观察，从新的发现中获得快乐的体验。

适合年龄：4岁以上（幼儿园和小学）

22.《大海在哪里》

作者：(瑞士)舒比格　著，(德)贝尔纳　图，李真子　译

出版社：贵州人民出版社，2007年5月出版

推荐理由：就在那里，那是哥伦布寻找印度的地方；那是大船沉没的地方；那是你可以睁眼和鱼对看的地方；那是月球表面的地方；那是月亮看起来像一个蛋挂在夜空的地方；在那里你会问自己该不该回头：因为大海令人战栗的美丽让你不想再靠岸。

适合年龄：8岁以上（小学）

23.《我》

作者：(德)菲利普·韦希特尔　著/绘，赵远虹　译

出版社：新蕾出版社，2007年1月出版

推荐理由：书中的“我”是一头很自信的、富于幽默感的可爱小熊。小熊很喜欢自己，它爱生活，知道自己想干什么，只走自己的路——它觉得自己真的很了不起；它注重外表，愿意欣赏自己；它喜欢生命，无论其大小；它受过良好的教育，会熟练地运用多种语言，而且，用得还很地道——于是，世界上的许多大都会都有它可以放松的家；它喜欢得到惊喜，喜欢各种娱乐；它非常勇敢，对生命的挑战无所畏惧，可以说是几乎什么都不怕；它很慷慨，愿意同别人一起分享快乐，愿意帮助别人，清楚地知道如何得到大家的爱戴；而它还很机灵，运气也好得不得了——它觉得自己是一个非常特别的家伙。

适合年龄：4岁以上（幼儿园和小学）

24.《大卫,不可以》

作者:(美)香农(Shannon,D.)　文/图,余治莹　译

出版社:河北教育出版社,2007 年 4 月出版

推荐理由:大卫的妈妈总是说:“大卫,不可以!”大卫伸着舌头,站在椅子上颤颤巍巍去够糖罐;大卫一身污泥回家,客厅的地毯上留下了一串黑脚印;大卫在浴缸里闹翻了天,水流成河;大卫光着屁股跑到了大街上……每一幅页面里都有妈妈说的话“大卫,不可以!”但是,书的精华在后面:大卫在屋子里打棒球,把花瓶打破了。这下可闯大祸了,大卫被罚坐在墙角的小圆凳上,流眼泪了。于是,妈妈对他说:“宝贝,来这里。”妈妈给了他一个温暖的拥抱,对他说:“大卫乖,我爱你。”太经典了,一个童年恶作剧的故事就收场于这样一个爱的动作。不管孩子有多调皮,可是当他伤心的时候,母亲的怀抱永远是他温情的港湾。

适合年龄:4 岁以上(幼儿园和小学低年级)

25.《今天运气怎么这么好》

作者:(日)宫西达也　著,彭懿　译

出版社：南海出版公司，2007 年 6 月出版

推荐理由：野狼乌鲁想和朋友分享好东西，却因为健忘和分心，一再忘了“正事”，书中用明亮的土黄、草绿来画地面、树木和草堆，以淡淡的粉红和灰色来呈现小猪和野狼，整体色调非常和谐、温馨，野狼与小猪夸张的身体特征、动作和表情也非常符合儿童视角，整本书充满了祥和与快乐的气氛。

适合年龄：4 岁以上（幼儿园和小学低年级）

26.《我看见的世界》

作者：（法）库皮尔、（法）洛夏尔 著

出版社：接力出版社，2007 年 6 月出版

推荐理由：很为这本《我看见的世界》所惊叹，被这些形态各异的好玩的图片和散文诗般的排序所打动，让我爱不释手！这不就是我们家长想要为孩子们找的那本图画书吗？没有文字的束缚，却巧妙地运用了时间和空间的种种联系，让阅读轻松有趣，画面异彩纷呈。没有固定标准的答案，没有对与错之分，孩子的想象可以不受文字的约束，每次翻阅都会让孩子自发地展开想象，去挖掘更新奇的东西，去探寻更新的领域，并享受页面翻转的阅读惊喜。

适合年龄：4 岁以上（幼儿园和小学）

27.《我爸爸》

作者：（英）布朗 文/图，余治莹 译

出版社：河北教育出版社，2007 年 4 月出版

推荐理由：本书画家安东尼·布朗荣获 2000 年国际安徒生大奖。英国《卫报》称赞他是“天才”。英国《独立报》评价本书“插图令人激赏难忘，用书本鲜见的方式表扬了父母”。英国《妇女界》称许本书“全天下的父母和孩子都会爱上它”。

适合年龄：4 岁以上（幼儿园和小学）

28.《我绝对绝对不吃番茄》

作者：（英）乔尔德　编绘，涂明求　译

出版社：接力出版社，2006 年 4 月出版

推荐理由：挑食？孩子不吃这，不吃那，真令人头疼！别着急，关于孩子的挑食，本书主人公查理自有妙法——绝对绝对不吃番茄的妹妹萝拉变啦！当健康属于孩子，头疼也就不再属于你！

适合年龄：4 岁以上（幼儿园）

29. “三个丹尼斯”系列（6 册）

作者：（奥地利）魏拉·菲拉·米库拉　著，（罗马尼亚）罗穆鲁思·甘德阿　图，王星、刘凤　译

出版社：中国电力出版社，2007 年 6 月出版

推荐理由：“三个丹尼斯”系列属于典型的儿童视角的文学精品。老丹尼斯（爷爷）、大丹尼斯（爸爸）、小丹尼斯（孙子）整天都在琢磨着做些有趣的事情。他们心地善良、心情开朗、随心所欲。他们可以离家很远，也可以随时用随身携带的道具回到家里，他们在阳光灿烂的旷野地里、在童话城堡里，甚至在阴沉沉的地窖里，都能找到快乐的真谛。

适合年龄：9 岁至 13 岁（小学 2—6 年级）

30. “派老头和捣乱猫的开心故事”系列（全 8 册）

作者：（瑞典）斯文·诺德奎斯　著，凯梅　译

出版社：新蕾出版社，2007 年 4 月出版

推荐理由：这个系列的图画书讲述了一个性格有些古怪的老头“派松”和调皮的小猫菲菲一起生活的趣事。斯文·诺德奎斯特的图画书就像一个永远挖掘不尽的宝藏。在每一个细处，每一个角落，都有小动物在向你讲述他们有趣的故事。它们会让每一个喜爱图画和童话的读者爱不释手。

适合年龄：8 岁至 13 岁（小学 1—6 年级）□

成人也爱看的绘本和漫画

◎ 王丹　编

面对逐步加快的生活节奏和巨大的生活压力，越来越多的都市人深陷在喧闹、浮躁的社会环境中难以自拔，已经很难有时间和精力去享受文字书的乐趣了，而绘本和漫画作品却以图文结合的形式，让人一目了然，轻松阅读，既不会占用人们太多时间，又有美图带来的视觉享受。对于忙碌的都市人来说，买几本绘本、漫画书看看，实在是不错的精神享受……

以下推荐的作品皆是受到广大读者、网友好评的，在海内外市场都十分畅销的经典绘本、漫画书籍。其中，着重介绍我国作家的作品及少数国外经典著作。

1.《我的心中每天开出一朵花》

几米　辽宁教育出版社　2002 年

对于大多数国内的读者来说，认识“绘本”一词正是源于幾米的作品，我也一样。自 1999 年以来，幾米作品中那种淡淡而美丽的哀伤，一直深深地触动着我的内心，陪伴着我走过了这些年。我喜欢他的每一本书，《向左走、向右走》《月亮忘记了》《蓝石头》等等，不过最钟爱的，还是这本《我的心中每天开出一朵花》。

这是幾米“手绘图像”的梦想之作，书中，作者将简洁的文字与典雅的图画巧妙地结合在一起，相交相融、相映生辉，字为画而生，画为字而美，让人觉得既画中有话、又话中有画。滑稽的男人，可爱的兔子、灵巧的小女孩，简简单单的三个人物却为我们讲述了一个个发人深省的故事。阅读时，我们仿佛听到了作者在耳边轻轻地吟诵，有时也会新奇地在书中发现有自己的影子，每每看到动情之处，竟会有种想要哭的感觉……

2.《绝对小孩》

朱德庸　　上海画报出版社　　2007 年

朱德庸是近年来颇受大陆读者关注和喜爱的一位绘本作家。他善于采用四格漫画的形式，解读他对现实生活的理解和感悟，于方寸之间挥洒其独有的朱氏幽默。在继《涩女郎》，《双响炮》红遍大陆之后，朱德庸的新作《绝对小孩》于 2007 年 5 月隆重上市。

该作品被称为“给不想成为大人的小孩以及那些想成为小孩的大人”阅读的一部极其好玩的漫画作品。作者选用了讨厌、宝儿、披头、五毛、贵族妞和比赛小子这六个各具特色、古灵精怪的绝对小孩作为主角，借孩子的眼睛看世界，从而折射出作者对成人世界的思考，更激起更多的成年人对成人主宰的这个世界进行反思，真可谓立意新颖，意味深长。

3.《三国志　水浒传》

蔡志忠　　三联书店　2006 年

与幾米和朱德庸在作品中所散发出的强烈的现代感与都市感不同，蔡志忠的作品更多的是源自于对古籍的诠释。他用简洁生动的线条、诙谐幽默的手法，创作了一部部极具影响的漫画作品，开启了我国古籍经典漫画的先河。

其中，《三国志　水浒传》可谓是蔡志忠的代表作品，该作品取材于文学界的不朽之作《三国演义》和《水浒传》。而三国的英雄故事和梁山好汉的故事本就已家喻户晓，街知巷闻，为广大人民群众所津津乐道，因此该书的取材首先就拥有了良好的群众基础，再加上蔡志忠独有的趣味联想和时事妙解，将古典名著恰如其分地注入了时尚的现代元素，使现代人得以在轻松悠闲的心境中汲取经典的营养，回味经典的乐趣。

4.《**乌龙院**》

敖幼祥　　北方妇女儿童出版社　　2004 年

敖幼祥在他这部代表作中讲述了乌龙院里四位身怀绝技、各具特色的师徒在石头城中发生的一个个妙趣横生、笑料迭出的故事。作者用“从前有座山，山上有座庙，庙里师徒四人天生爱搞笑。大师父的长眉能接飞刀，胖师父的大耳能拍苍蝇，大师兄用脚也能洗碗，小师弟最爱耍花招”这寥寥几句话，就将四位师徒的形象、特点深深地印在了读者的心里。此外，整部作品还涉及中华饮食文化、中医文化、中华武术等诸多方面，洋溢着中华民族浓厚的传统文化色彩，凝聚了中国式的智慧。这一系列作品可谓是寓教于乐、老少咸宜的漫画佳作。

5.《**老夫子**》

王泽　　黄山书社　　2007 年

王泽，原名王家禧，自 1962 年起，开始创作“老夫子”漫画人物。1964 年，首期“老夫子”漫画单行本出版于香港，一时间风靡港、澳、台及东南亚地区，四十多年来经久不衰，至今其总销

老夫子形象

量已达6000万册以上,可以说是华人漫画中的经典之作。这部作品的成功,我认为首先是源于"老夫子"这一憨傻、狡黠、滑稽却又不失可爱的形象的成功塑造。此外,这部作品风格轻松明快、诙谐幽默,逗人捧腹,可以说是人们茶余饭后的消遣佳作,同时,作品还艺术地表现了当时的社会百态、人生百味,让读者在笑过之后还能思考些什么,回味些什么,真可谓通俗却不庸俗。

6.《麦兜麦唛系列》

谢立文　　接力出版社　　2002年

不知是什么时候开始,生活中到处都能看见一只粉红色、左眼上还有一块深色胎记的小胖猪,超市里的毛绒玩具有它,汽车的车身装饰有它,各种小饰物有它,手机屏保也有它……到处都有它的身影。它是谁呢?它就是这部《麦兜麦唛系列》作品的主人公——麦兜。麦兜喜欢吃鸡腿,只吃肉不吃菜而且贪睡,资质平平,却性格乐观,在"猪生"的道路上屡战屡败,屡败屡战,却也乐得其所。它与它的表弟兼同学麦唛在书中共同演绎了一段段逗趣的小故事。这些故事看似简单,却在幼稚中透着深奥,始终粉粉嫩嫩的画面,渲染着一股浓浓的香港风情,让人着实体验了一把小人物的喜怒哀乐。

7.《朋友刀刀》

慕容引刀　上海人民出版社　　2004年

我国新生代的动漫画家慕容引刀在本书中分别以"爱情"、"快乐"、"调侃"、"迷惑"、"无奈"、"无题"等六大生活在都市文明中的人们常见的心境、情绪为主题,通过"刀刀" 的角色刻画反映出现代都市人的心灵感受。刀刀是一只被赋予了都市人的情感思维的温柔而善良的小狗,它时常说一些半带哲理的话语,让人看上去似乎有些可笑甚至不屑,但它在不经意间所流露出的大智慧,却总能让我们收获一些人生的哲理。例如它在想念朋友时说:一条狗其实不孤单,想一条狗才孤单。然后又会说:朋友为什么总是呆在一块儿就咬,分开一会儿就想?想一想,我们是否也会经常这样呢?

8.《我的路》（全集）

寂地　北方妇女儿童出版社；黑龙江美术出版社　2006 年

被寂地的作品所吸引，其实是源于《我的路》中主人公的那双大大的黑眼睛，乍一看，这双眼睛似乎黑得有些夸张，但又黑得那么深邃，仿佛无底的深渊，隐隐地传来一股哀伤。然而画面又是那么华美，那么富有感染力，那是一种令人感动的凄凉的美。我想象不到能创造出如此唯美作品的人的内心该是多么激情澎湃，却又波澜不惊。我惊叹又羡慕作者拥有这样丰富的内心世界。就这样，我的思绪跟随着这双浓黑的眼睛，穿过一条条街道，经历一次次奇遇，这仿佛是一次灵魂的旅行。就这样，故事以"没有结局的结局"走向了尾声，我的心也随之安静下来，却隐隐地觉得有一种说不出的感觉萦绕在心头，久久挥之不去。《我的路》在继续，我的路也在继续……

9.《小女贼……》系列绘本

钱海燕　中国青年出版社

"1. 敌人或知己，越少越安全。

2. 沉默，退缩，拒绝——吸引男人的三种最佳途径。

3. 工作时不为钱分心，钱反而会来得更快。

4. 肯以本色示人者，必有禅心和定力，所以，伪名儒不如真名妓。

5. 知识不是力量，智慧才是。

6. 知识和财富的不同点之一就是——前者无论在哪里得到，都没有什么可耻的。

……"

这就是"小女贼"的经典语录，怎么样？够经典、够犀利、够独特吧？是不是觉得眼前一亮呢？哈哈，那还等什么？快去读读这本来自一个小女人的大智慧吧！

10.《就我俩》

画儿晴天　世界图书出版公司　2005 年

《就我俩》是画儿+晴天这对情侣组合向我们演绎的一个"催人欲醉的浪漫故事：一对城市的恋人被植在花盆里的一枝玫瑰苗吸引。相视间，两颗心叠成了两个

小人，一起远离喧嚣的城市，在一个如梦如幻的两人世界里幸福嬉戏，与蜜蜂儿飘漩，与瓢虫儿跳舞，与大自然对唱……；在草边、在花木丛中、在田园荷塘里……似梦非梦，非梦似梦”，这样浪漫唯美的梦境般的画面不知在多少相恋的男女心中闪现过。正在恋爱的人看看吧，你们的爱情会更甜蜜；渴望恋爱的人们也看看吧，恋爱是如此得让人心醉；早已过了热恋期、步入婚姻的人们也看看吧，那美妙的画面将勾起你多少甜美的回忆啊……

11.《活了 100 万次的猫》

（日）佐野洋子作；唐亚明译　接力出版社　2004 年

它是一只死了 100 万次，又活了 100 万次的猫。有过 100 万个爱他的主人，在它死时，他们都曾伤心地痛哭，可它却从没哭过。它丰衣足食，却不快乐。直到有一天，它摆脱了所有的主人，成为一只完全属于自己的野猫，开始它全新的生活。它爱上一只白猫，

蜡笔小新

与她一起生儿育女，直到挚爱离去，它感到深深地不舍与痛楚，放声大哭，直至自己的生命结束，不同的是，这一次，它没有起死回生。故事讲完了，简单得似乎有些离谱，不知道看过这本书的人有什么感想？不晓得各位读者的人生是像那轮回了百万次的猫一样过得浑浑噩噩？还是早已在茫茫尘世中找到了自我，懂得了真爱，学会了哭泣，泰然地面对生死别离？

12.《150cm Life》

(日)高木直子作；洪俞君译 陕西师范大学出版社 2006年

150cm的个头，和人讲话得抬着脖子，买回来的衣服太大必须修改才能穿，坐电车根本够不到吊环……虽然麻烦不少，可这个小个子女孩却乐观得很呢：“虽然我们个子小，但我们可选择的男朋友的范围可比那些高个子女生大得多呢，从很高的男生到151cm的男生都可以作为备选。”瞧，她还真乐观啊。

13.《**蜡笔小新**》

(日)臼井仪人作；段薇等译 陕西师范大学出版社 2004年

大名鼎鼎的小新绝对是一个十足的令人头痛的“另类小孩”：首先，他好色，看见漂亮MM就流口水；第二，他调皮捣蛋,常常整得大人哭笑不得;第三,他善于利用小孩子的优势要挟人,大人们明知上当,却也拿他没辙……他总在不经意间蹦出让人不禁喷饭的经典台词,至于那些五花八门的怪招儿、损招儿更是让你应接不暇。这真是一部超级搞笑的成人漫画作品,对于生活、工作压力大的城市上班族来说,绝对是一部让你放松心情、缓解压力的好书。

14.《美女还是老虎?》

(美)斯托克顿著;郝广才编译;(乌克兰)米赫努谢夫绘 河北教育出版社 2003年

很久很久以前,一位英俊的青年因为爱上了公主,不得不面临大审判。站在竞技场上,面对两扇门,一扇后面是美女,选择她不仅不用死,还可以迎娶美女回家;一扇门后面是饿极了的老虎,选择它必将尸骨无存。就在这生死一线之间,公主悄悄地将手指向右边的门……故事到此结束, 究竟公主指的是美女还是老虎? 是老虎? 有可能,女人的妒忌心是可怕的,娇生惯养的公主怎能忍受心爱之人投入他人的怀抱?有谁能配拥有她的情人?抑或是公主也早已做好了在青年死后随之殉情的打算。是女人? 也有可能,真爱无价,即使不能拥有他,公主也希望他能活在世上……到底结果是什么? 作者真是吊足了读者的胃口。

15.《奥菲利娅的影子剧院》

(德)米切尔·恩德,海西尔曼作;何珊译 二十一世纪出版社 2005年

在我的印象中,德国人就像工厂生产的螺丝钉一样,标准、规整、严谨,即使是再简单不过的煮蛋,他们也要借助“蛋钟”这种东西计算时间。我很难想象这么刻板、程序化的民族能有多大的想象力,但德国幻想大师米切尔·恩德创造的这部幻想之作却着实让我瞠目结舌了一把。主人公奥菲利娅的一生是平凡而不幸的,她没能实现父母的愿望成为大演员,她的工作只是每天坐在舞台最前面的箱子里,给台上忘词的演员作提示。虽然她在别人眼中是如此渺小,可她走在艰辛的路上,脸上却总有笑容……不知道我们每个生活在这个物质世界的平凡人, 是否能够从中领悟些什么,从而真正享受平凡工作的快乐,感受人生的幸福呢? □

科普读物最佳书

◎ 强亦忠　刘　鑫　编

[本书编者按]强亦忠系苏州大学教授，核科学技术专家，热心科普，是中国科普作家协会会员，江苏省科普作家协会常务理事。他携手苏州图书馆，共同推荐给读者的20本科普读物，依据中外结合，名著名家，版本优良，综合为主等原则，重在普及科学知识、弘扬科学精神和宣传科学思想方法。其中除特别说明面向青少年读者的以外，其他的都适合成年人阅读。

1.《十万个为什么》(新世纪版，共12个分册)

作者：卢嘉锡 总主编

出版社：少年儿童出版社，1999年出版

本书是一套青少年科普读物，以回答许许多多的“为什么”为主要形式，浅显易懂地介绍了大量的科普知识。早在20世纪60年代初就出版了一套《十万个为什么》科普读物，深受公众特别是青少年的欢迎，畅销不衰近40年。为了更全面、及时地介绍新科学和新知识，新世纪版《十万个为什么》应运而生，全套共12个分册，分别为《数学分册》、《物理分册》、《化学分册》、《动物分册》、《植物分类》、《人体科学分册》、《地球科学分册》、《宇宙科学分册》、《环境科学分册》、《信息科学分册》、《工程科学分册》和《索引资料分册》。作为一套科普读物，《十万个为什么》在传播普及科学知识方面起到了积极的促进作用，成为一代又一代青少年健康成长的重要精神食粮，是我国科普史上最具影响力的著作之一。本套丛书的内容既注意介绍基础科学知识，又注重反映最新的科技发展成果和应用，语言通俗浅显、生动活泼，且图文并茂，“科学性、通俗性、趣味性”是这套书的突出风格。

适合对象：青少年；也可作为未系统接受科学教育的成人的初级科普读物。

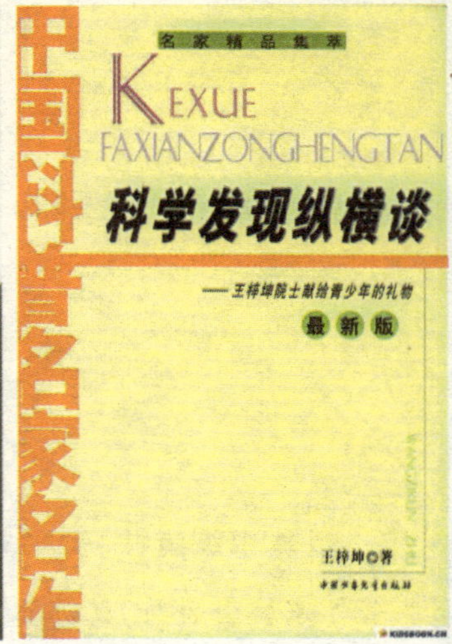

2.《中国少年儿童百科全书》之自然·环境卷和科学·技术卷

作者：林崇德 主编

出版社：浙江教育出版社，1994 年出版

《中国少年儿童百科全书》是国内第一部大型少年儿童百科全书，全书共分四卷，涉及自然科学和人文科学广泛的学科领域，通俗易懂、图文并茂是该书的主要特色，其中有 2 卷主要涉及科普知识：

自然·环境卷：本卷从宏观和微观两个不同的角度，将大自然的种种现象囊括其中。在这里，可以让我们的读者看到宇宙的深邃、大地的变迁和生物的进化，让他们从小领略大自然千变万化的奥妙和秘密，领略大自然丰富多彩的风貌。

科学·技术卷：本卷将人类在科技领域的最伟大创造和成就尽收其中。在这里，可以让我们的读者看到世界科技艰难漫长的发展历程，学习中外著名科学家的奉献精神，从而引导读者进入神秘无限的科技世界。

适合对象：青少年；也可作为未系统接受科学教育的成人的初级科普读物。

3.《科学改变人类生活的 100 个瞬间》

作者：路甬祥

出版社：浙江少年儿童出版社，2001 年出版

20 世纪是科学技术突飞猛进发展的世纪，日新月异的科学发现和技术发明，改变了人类对客观世界的认识，改变了人们的生产、生活方式和经济结构。本书集中介绍了 20 世纪世界上最具影响力的 100 个科学瞬间，不仅对每一个伟大瞬间所发生的重大科技事件作出生动的勾勒，还对其产生的重大意义和持久影响作了科学、准确的描述，图文并茂更使您对这些科技事件有直观的了解。

科学的魅力无穷无尽，如果您想与作者一起探寻科学的奥秘，请您走进这令人惊叹的 100 个瞬间吧。

4.《最新科学指南》

作者：艾萨克·阿西莫夫

出版社：科学普及出版社，1998 年出版

作者早在 20 世纪 50 年代就以创作、撰写科幻小说和科普读物而闻名文坛。他那非凡的驾驭语言和概念的能力，不断对虚构世界和真实世界的探索，他所取得的成就和名望以及作品本

身在读者心中的地位，使得他的作品赢得了极其广泛的读者和巨大的声誉。

本书比较全面地介绍了人类以科学的方法为工具，努力探索大自然的奥秘。其内容不仅涵盖物理科学、生物科学，也涉及其他各个学科分支的发展状况和所取得的成就，是一本综合性很强的科普读物，不仅适合一般公众，对科技专家、社会科学工作者、各类教师和大中专学生，也是一本值得一读的好书。

5.《魔鬼出没的世界——科学，照亮黑暗的蜡烛》

作者：卡尔·萨根

出版社：吉林人民出版社，1998 年出版

本书作者是美国康奈尔大学的天文学教授，也是世界著名的科普作家，该书是他临终前的最后一部作品，一经问世就引起轰动，高居美国当年畅销书的榜首，他还获得美国青少年评选的“十大聪明人”的第一名。

作者用简明扼要的语言分析人类的各种传说的本质，并揭示其产生的根源。作者把频繁出没于社会的迷信和伪科学称之为“魔鬼”，并以其广博的知识，犀利的思想，入木三分的揭露，鞭辟入里的分析，揭示了科学与迷信、伪科学的区别。他还列举大量引人入胜的科学故事来告诉我们，科学的思维方法是破除偏见和偏执认识、发现令人惊奇事实的有力武器。

6.《真实地带：十大科学争论》

作者：哈尔·赫尔曼

出版社：上海科学技术出版社，1998 年出版

科学进步是一个不断探索的历史进程，其间充满曲折和争论。长期以来，人们过分理想化地将科学当成远离失败的伟大历程，使得一些读者成了盲目崇拜科学的牺牲品。本书正是针对这一现象以独特的视角进行阐述，希望能纠正人们对科学的一孔之见。书中撷取了 17—20 世纪科学史上有影响的十大科学争论，以浅显明晰、引人入胜的语言，向您生动地讲述了科学发现的真实历史，发人深省，对我们正确、系统地理解科学大有裨益。

7.《科学发现纵横谈》

作者：王梓坤

出版社：中华书局，1998 年出版

本书作者是我国著名的数学家、教育家、中国科学院院士和科普作家。在书中，作者以一个科学家的眼光纵览古今，横观中外，从自然科学发展的历史长河中为我们精心挑选出许多有意义的科学发现。作者试图用辩证唯物主义和历史唯物主义的观点，对科学发现加以分析和总结，进而阐明科学发现过程中的一些基本规律、科学思想和方法。书中的名言警句更使读者备受启迪，是一本优秀的普及科学思想与方法的名作和励志书。

8.《中国科学文艺大系·科学散文小品卷》

作者：赵之，赵雪 选编

出版社：湖南教育出版社，1999 年出版

普及科学知识的形式多种多样，换言之，并不拘泥于单一的文字表述形式，在文字中更不限于文学。科学小品就是一种带文学色彩的科普载体样式，尽管它不是科普的主流样式，却有其不可替代的作用和特殊的科普价值。本书就是借助科学散文小品这一兼容逻辑抽象思维与艺术形象思维的表现手法来展现科学文艺，熔叙事、议论、抒情于一炉，具有更强的感染力和可读性，让读者徜徉于科学和文学两个领域之间，得到真与美的熏陶和享受。

9.《技术的报复——墨菲法则和事与愿违》

作者：爱德华·特纳

出版社：上海科学教育出版社，1999 年出版

科学技术是把双刃剑。毫无疑问，技术在社会发展中起着不可替代的作用，然而，技术在给人类带来快速、便捷、高效等各种好处的同时，也给人们带来了“报复效应”。作者对最值得人们夸耀的技术所带来的令人沮丧、懊恼的“报复效应”，做了富有洞察力、发人深省、妙趣横生的阐释。如果您想知道为什么计算机的出现不会完全代替人脑，为什么银行自动取款机前的队伍经常会比储蓄员窗口前的队伍长，为什么戒烟者会吸更多的低焦油香烟……如果您想知道这些问题的答案，请您

拿起身边的这本让人爱不释手的科普书吧。

10.《科学的历程》（第二版）

作者：吴国盛

出版社：北京大学出版社，2002 年出版

这是一本以宽广的人文视角审视科学发展历程的科学史著作。作者以西方文明和科学发展为主线，将自然科学的诞生与发展放在人类文明的历史长河中进行生动而激情的描述，对人类每一次重大的科技进步都作出精当的评述，大量精美的图片更是生动地描绘出五千年人类文明史科技发展的美丽画面。阅读这本书，有助于人们树立正确的科学人生观和宇宙观，有助于我们进一步了解科学进步的艰难曲折，从而激励我们投身到今日的科技创新之中。

11.《中国古代科技成就》（修订版）

作者：中国科学院自然科学史研究所

出版社：中国青年出版社，1995 年出版

本书比较全面、详细地介绍中国古代历史上的科学技术成就，让读者对中国古代的科技成就和科技贡献有一个深入的了解。“古为今用”是本书的主旨，古代科技成就是现代科学技术

发展的一面明镜，我们可以从中得到启示，激励我们为我国现代科技发展和经济建设作出新的贡献，进而发扬光大祖国的文明之花。书中各篇都由专家学者撰写，针对性强，学术水平高，语言通俗易懂，深入浅出，是一本名副其实的科普佳作。

12.《居里夫人传》

作者：艾芙·居里

出版社：商务印书馆，1984 年出版

这是居里夫人的女儿为母亲撰述的传记。居里夫人作为一位杰出的科学家，为科学事业的发展作出了卓越贡献；作为一位伟大的女性，她不仅赢得了世界人民的敬仰，更赢得世界人民给予她的理解和支持。科学不是为了个人荣誉，不是为了私利，而是为了谋求人类的幸福。当居里夫人从祖国波兰来到法国巴黎大学求学时，就抱定宗旨，要为祖国、为科学而献身。如果您想了解居里夫人不畏艰难、勤奋学习、勇攀科技高峰的科学精神，如果您想了解一位女科学家在科学探索路上的艰辛和为了从事科学事业所表现出来的百折不挠的毅力和创新精神，那么，请您走进居里夫人传奇的世界吧。

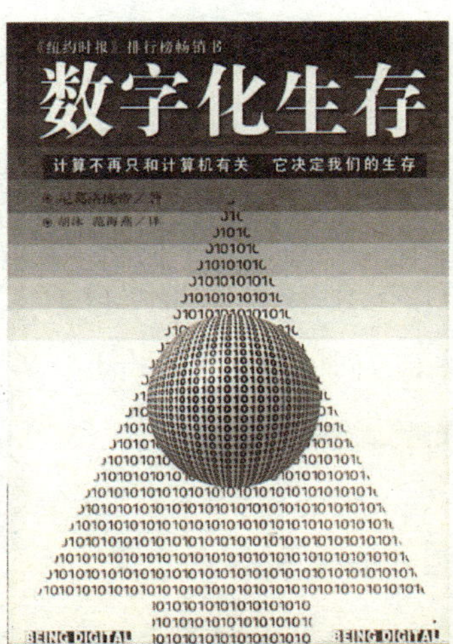

13.《杨振宁传》

作者：徐胜蓝、孟东明

出版社：复旦大学出版社，1997 年出版

杨振宁这位华裔科学家，因与李政道发现“宇称不守恒定律”而于 1957 年荣获诺贝尔奖，这是华人第一次拿到这一世界最高的科学奖项。传记作者不仅描述了杨振宁的科学成就，而且还用大量的篇幅展示了人物内心的精神世界。与此同时，作者对杨振宁的治学方法也进行了评述和介绍。杨振宁作为一名中国人，热爱祖国，勤奋治学，拳拳报国之心在他的身上得到完美体现。这本传记还集中反映了杨振宁教授与亲人、朋友和导师之间的亲密关系，感人至深，亲切动人，值得一读。

14.《数字化生存》

作者：尼古拉·尼葛洛庞帝

出版社：海南出版社，1996 年出版

信息技术的发展改变了我们的生产、学习、工作和生活方式。本书描绘了数字科技为我们生产、学习、工作、娱乐等方面所带来的各种冲击以及在这其中所引发的值得深思的各种数字化问题。作者为我们展示了数字化条件下事物的各种变化和由此产生的巨大影响，因此这本书是跨入数字化新世纪，了解数字化进程的最佳指南。

15.《古猿怎样变成人》

作者：方宗熙

出版社：湖南教育出版社，1999 年出版

本书是一本讲述人类进化演变过程的科普佳作。作者注重弘扬科学精神、宣传科学思想和科学方法，对古猿怎样变成人这个问题作了介绍，清晰地阐释了达尔文学说，并对有关的一些有争论的问题进行分析和评论，还用一些有趣的小实验给读者讲述了遗传及其变异的知识。作者生动活泼的描述，形象地反映了科学家们追求真理的求知精神、创新精神和探索精神，科学家一丝不苟的科学研究态度，给读者以深刻的启迪。

16.《基因组：人种自传23章》

作者：马特·里德利

出版社：北京理工大学出版社，2003年出版

组成人类基因组的23对染色体的图谱绘制是新世纪的重大科学发现之一，这个让人难以置信的突破会给人们的生活带来怎样的影响？它将怎样影响我们对疾病、寿命和自由意志的思考方式？或许这些问题将影响我们的一生以及影响我们对物种的理解。作者把人类的23对染色体形象地比喻为人类这个物种的23章自传，用浅显易懂的语言和大量的最新资料，通过在每一对染色体上选择一个有代表性的基因，生动而系统地介绍了基因在人体生长、发育、衰老、病疫等过程中的作用，以及基因在生命进化过程中的演变，带领读者领略现代遗传学发展的历程。作者还探讨了由于基因组图谱绘制而出现的科学、哲学以及伦理道德问题，这将帮助我们更好地理解和认识基因组学和遗传学的新进展，并思考我们在基因时代肩负的责任。

17.《让健康伴随着您》

作者：洪昭光

出版社：南海出版公司，2002年出版

随着现代社会的飞速发展，工作压力和各种疾病的侵袭越来越成为我们生活的一大困扰，因此健康对我们每个人而言尤显重要。本书就是讲解如何让人们在日常饮食、运动和生活中预防各种疾病、缓解工作压力的科普力作。本书的作者是我国著名的高血压、冠心病专家，近年来一直致力于健康知识的普及工作，他的健康知识讲座被广大百姓奉为“健康圣经”，他本人也被众多媒体誉为健康生活方式的“传道士”。书中语言通俗易懂，生动形象，是我们通向健康之路的行动指南。

18.《第四级病毒》

作者：约瑟夫·麦克科密克、苏珊·费希尔-霍克

出版社：长春出版社，1997年出版

两位夫妻作者是美国著名的病毒专家，以研究诸如艾滋病等病毒而闻名于世。他们以严谨的科学态度、坚韧不拔的勇气，面对超级病毒的危机。这是一个发人深

省的故事，两位站在战斗最前线的科学家让我们领略到奉献、智慧与战胜病毒的决心，也让我们对全球的人类健康怀抱希望。

本书展现了科学家追逐病毒的传奇之旅，并带领我们走过致命病毒的恐怖世界，揭开第四级病毒（世界顶级、最神秘、最凶残的致命病毒）的真实面目，借此有利于了解其他致命疾病并采取防控举措。与此同时，作者还告诉我们，那些为了捍卫我们的身体健康，冒着生命危险追猎病毒的科学家的可贵精神，令人肃然起敬。

19.《保护环境随手可做的100件小事》

作者：刘兵 主编

出版社：吉林人民出版社，2000年出版

本书是一本以保护和改善生态环境为宗旨的公益书，它告诫我们："我们并不是从祖先那里继承了地球，而是从子孙那里借用了地球。"不论为了我们自己还是为了子孙后代，我们都有责任爱惜自己的家园。人类若不能与其他物种共存，便不能与这个星球共存。作者从小处着眼，小小的建议既亲切又能将环保意识与日常生活融为一体。100幅精妙漫画插图更是别有一番情趣。幸福的生活不仅仅在于衣食享乐，也在于碧水蓝天。地球能满足人类的需要，但满足不了人类的贪婪。对待环境的态度，表现着一个人的素质和教养。保护环境、拯救地球，请从生活中的

《最新科学指南》一书中的插图——太阳系

日本金泽市立玉川图书馆流动图书车
郭腊梅摄

细节——“随手可做的100件小事”做起。

20.《所罗门王的指环：与鸟兽虫鱼的亲密对话》

作者：(奥)劳伦兹

出版社：中国和平出版社，2003年出版

本书作者是动物行为学研究的先驱，1973年诺贝尔生理学/医学奖得主。这本书是作者的第一本通俗科学作品，风靡全球已近半个世纪，语言通俗易懂，描写形象生动，是一部老少皆宜的动物行为学经典科普著作。

所罗门王的指环取自一个典故：一位老国王要借助魔戒的魔法力量，才能听懂动物的语言，与鸟兽虫鱼亲切交谈。如果老国王不拥有魔戒，那么，他只会用冰冷的心肠对待动物。对作者而言，活生生的自然界完全无需借助任何魔法，生命的真实面貌需要我们用善良、跃动的心去认真体会。如果你想了解美丽、神秘的自然界的真谛，请看作者不戴魔戒与鸟兽虫鱼亲密交谈的博学吧。□

美丽人生的“悦读”书目

◎ 张曼玲 姚丽君 编

生活在这个忙碌的世界，身边每天缠绕着那么多的不情愿，才发现，静静地坐在靠窗的角落，翻开一本喜欢的书，沐浴在阳光的温暖中，那是怎样一种简单的美丽和幸福。美丽的书就像美丽的人，从外表到内涵，让人爱不释手，让人念念不忘，就算过了很久，翻开她，还是会轻易找回那种怦然心动。美丽的书需要美丽的人读，只有怀着美丽的心情，带着美丽的希望才能体会书卷中那些盈盈溢溢的感动和美丽。

希望每个看过这些书的朋友们，都能和推荐者一样找回那种怦然心动，没有看过的，不妨在某个宁静悠闲的时光徜徉在那些美丽的文字中。而我们最大的愿望是让你美丽地生活。

来看看这些愉悦身心，美丽生活的书籍吧！

1.《世界美如斯》

作者：（捷克）雅罗斯拉夫·赛弗尔特

出版社：中国青年出版社

《中华读书报》2006年十佳图书。本书是捷克著名诗人、1984年诺贝尔文学奖获得者雅罗斯拉夫·赛弗尔特晚年撰写的回忆录，通过一则则小故事缅怀过去的一些美好片断和瞬间。作者着墨更多的不是他的坎坷身世，而是他人生旅途中所遇见的善良、坚强，使他深为感动和怀念的人。在这些伤感的小故事中，塞弗尔特用生命让我们感受到——世界美如斯！

2.《普罗旺斯系列》

作者：（英）彼得·梅尔

出版社：陕西师范大学出版社

法国有普罗旺斯，就好像中国有香格里拉。法国南方的这个地区得天独厚，一大片肥沃的土地绵亘在阿尔卑斯山、罗讷河和地中海之间，田野里飘荡着葡萄园和熏香草的香味，充满诗意和神秘感。从《普罗旺斯的一年》、《永远的普罗旺斯》，到《重返普罗旺斯》。在彼得·梅尔笔下，普罗旺斯不仅是地域的代名词，同时也是一种生活方式的象征。彼得·梅尔是个十足的生活家，他的书写给那些看似充实无比，但实际已经压力重重的都市一族，教他们学会幸福地逃避，学会享受人生。

3.《花朵的秘密生命》

作者：（美）萝赛

出版社：广西师范大学出版社

《中华读书报》推荐书目。这是一本带着温馨香气的书。这本诗意的沉思录有科学和美学的相溶，也有清晰逻辑和优美文笔的邂逅。萝赛的笔，整合了全世界植物学家的研究成果，为我们照亮了一个既熟悉又另类的世界。花朵是美丽的代名词，但我们可曾知道，在那美丽的背后，居然隐藏了那么多令人惊讶的秘密！

4.《时间旅行者的妻子》

作者：（美）奥德丽·尼芬格

出版社：人民文学出版社

被英国《卫报》评选为：“生命中不可缺少的100本书”之一。这是一曲高昂的爱的颂歌，是一程常人不可思议的浪漫之旅。这像是一本科幻小说，却洋溢着浓浓的诗意；这像是一本爱情小说，却饱含了信念与时空的哲理。这本书译文优美，即使是在那些数不清的紧要关头，读起来也会觉得轻柔舒缓。而它的优美又不仅仅在文字本身，更在那些存在于意识深处的美好。与表面所呈现的相反，《时间旅行者的妻子》是个非常古老的爱情故事，但当它被独具魅力的方式重述之后，依旧百看不厌。

5.《苏菲的世界》

作者：（挪威）乔斯坦·贾德

出版社：作家出版社

获“德国青少年文学奖”与“最优秀作品奖”。《苏菲的世界》是一部深入浅出

的人类哲学史。从古希腊到20世纪的存在主义,你将在书中和那些伟大的哲人、智者相逢。可是不用害怕,哲学并不是脱离现实的学院人士在象牙塔里所写的东西,相反的,你会渴望一次又一次地走近他们。因为每走近一次,你就会被人类的求索精神和智慧震撼一次。《苏菲的世界》不仅能唤醒人们内心深处对生命的敬仰与赞叹、对人生意义的关心与好奇,而且也为每一个人的成长挂起了一盏盏明亮的桅灯……

6.《芒果街上的小屋》

作者:[美]桑德拉·希丝内罗丝

出版社:凤凰出版传媒集团

埃斯佩朗莎,是西班牙语里的"希望"。生活在芝加哥拉美移民社区芒果街的女孩埃斯佩朗莎，天生就具有对他人痛苦的同情心和对美的感觉力。她用清澈的眼打量周围的世界，用诗一样美丽稚嫩的语言讲述成长、讲述沧桑，讲述生命的美好与不易，讲述年轻的热望与梦想，梦想有一所自己的房子，梦想在写作中追寻自我，获得自由和帮助别人的能力。展开卷本，读者就像书中的女孩，带着希望和梦想追寻着那个生命中的“芒果街上的小屋”，正是那些美好和希望，让我们看到了这个世界美丽的一面。

7.《荷包里的单人床》

作者：张小娴

出版社：天津人民出版社

记得有人这样写张小娴：她相信承诺，喜欢一切美好的东西，漂亮的衣服、美味的食物、男人的诺言。她找寻幸福然后发现：失望，有时候，也是一种幸福。因为有所期待，才会失望。遗憾，也是一种幸福。因为还有令你遗憾的事情。她追寻爱情，然后发现，爱，从来就是一件千回百转的事。读她的文字就是这样的感觉，虽然有时是淡淡的哀愁，却更能给人坚强的勇气。这样的文字，本身就很美丽。

8.闲情偶寄

作者：(清)李渔 原典，刘仁 译注

出版社：中国纺织出版社

《闲情偶寄》是清代文学家李渔的重要著作之一，其内容包含戏曲理论、饮食、园艺、养生等，在中国传统雅文化中享有很高声誉，被誉为古代生活艺术大全，名列“中国名士八十大奇著”之首。《闲情偶寄》文字清新隽永，叙述娓娓动人，读后留香齿颊、回味无穷。本书不仅熏陶、影响了梁实秋、林语堂、周作人等一大批现代散文大师，开现代生活美文之先河，而且对我们今天提高生活品位、营造艺术的人生氛围仍有极大的借鉴价值。静心细品，得到的不仅仅是美丽……

9.《美丽人生：家庭休闲生活花艺》

作者：简明明

出版社：上海科学技术出版社

艺术生活化、生活艺术化。艺术原本就是生活的提炼与升华，而懂得艺术的人，才真正懂得生活。这本画册内容丰富、画面精美，在展示作品的同时，附有大量的分解制作图。大家不妨动手练习插作，用艺术来美化我们的生活环境。花，这种美丽的尤物，带给你的，一半是美，一半是梦……

10.《长得漂亮不如活得漂亮》

作者：杨二车娜姆

出版社：中国青年出版社

娜姆像是一朵傲然绽放的奇葩一般，艳丽四射，光彩照人。每一天都是如此美好，而女人更应该像花儿一样美丽地绽放自己，爱自己，爱生活，爱世上一切美好的事物。女人要洒脱，要首先爱自己，完善自己。漂亮的女人都是自信的女人，独立的女人。单看这书的题目就已切中要害了。

11.《创造自己》

作者：刘墉

出版社：九州出版社

请望子成龙的父母把这套书送给你们的孩子；请心怀大志的孩子把这套书送给你们的父母。亲情之间只有充分的理解和沟通才能让每一个人体味出人世间含在血液中的最原始、最真挚、最纯粹的爱。创造自己的美丽，创造美丽的自己。

12.优势思考：改变你命运的新思维

作者：（美）克莱默、威斯亚克 著，马睿 译

出版社：中国轻工业出版社

如何改变你灰暗的人生？这本书中作者用许多独特的创意图片来作比喻，并加上激励心灵的真实故事，告诉你其实只要看待事情的角度稍微不同一点点，就能改变你的命运，带给你彩色的工作，美丽的生活。

13.《自愈力：永保健康的金钥匙》

作者：吴珮琪

出版社：东方出版中心

本书作者以细致的解说，从饮食起居、运动作息、情绪调节等方面传授自愈力疗法和养生原则，帮助读者唤醒自己的天生自愈能力，用最自然无害的方法改善免疫系统、防病祛病。此外，通过“健康 DIY”、“医 Q 充电站”等小栏目，提供一些与日常生活和现代文明病相关的保健知识，与读者一起领悟“绿色保健”的真谛，塑造自然健康、快乐美丽的活力人生。

14.《人生参考书》

作者：（韩）安相宪 著，姜龙极 译

出版社：中国言实出版社

本书收集和整理了一些在面临选择的瞬间能给予你参考的个人想法。包括为人处世，对生活的热情，还有重新认识和把握自己的机会。要知道，没有人能帮助那些不求上进的人。我们要学着不断勉励和鞭策自己，并学会能使自己成长的方法。这会令我们作出明智的选择，从而实现真正的美丽人生。

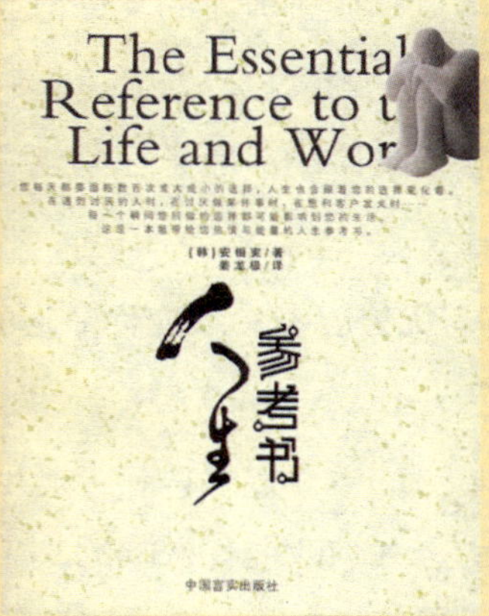

15.《鲸鱼哲学》

作者：(美)肯·布兰佳等 著，张鸿斌 译

出版社：中国人民大学出版社

本书讲述一位人际关系很差的经理在看鲸鱼表演后得到启示，随后将鲸鱼训练师的驯鲸技巧应用于自己的家庭和工作，从而极大地改善了周围的人际关系，使家庭更加幸福，工作更有成就，人生更美丽。

16.《假如给我学习的机会：布克尔·华盛顿传》

作者：(美)华盛顿 著，李怀湘 译

出版社：江西人民出版社

他通过学习，成为了美国历史上著名的黑人教育家，他是学习改革命运的超级典型，也树立了黑人自尊自立的典范。他的故事激励一代代人突破出身、背景、文化、经济等阻碍，通过学习改革自身的命运。没有人太年轻，也没有人太老，以致不能学习。学习使你美丽地生活。

17.《鱼：一种提高士气和改善业绩的奇妙方法》

作者：(美)斯蒂芬·伦丁、哈里·保罗、约翰·克里斯坦森 著，秦玉熙 译

出版社：**中信出版社**

《纽约时报》、《华尔街日报》、亚马逊网上书店最佳商业书。《鱼》是一个绝不吹牛的寓言故事。这本可爱的企管小书里讲的是，开创一个令人耳目一新、惬意愉快的工作环境的要诀。正如书上所言：“当我们死心塌地热爱自己所做的工作时，我们才能享受每天有限的幸福，过得满足而又有意义。”

18.《美的历程》

作者：**李泽厚**

出版社：**天津社会科学院出版社**

《美的历程》从宏观角度对中国数千年的艺术、文学作了概括描述和美学把握。作者以细密的考察论述了绘画、雕塑、建筑、文学、书法等艺术门类在各个时代的兴起与演变，读之使人神驰千年。一本《美的历程》，其实就是一部历史，一部艺术发展史，一部民族发展史，一部社会发展史。它不仅是专业研究者必不可少的参考书，也会让一般的读者感到其乐无穷。

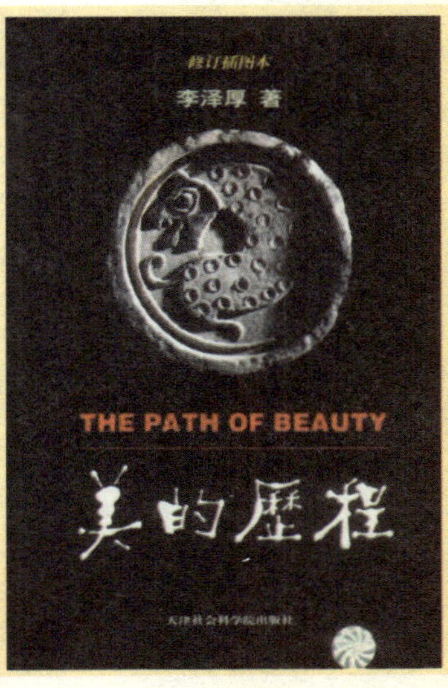

19.《雅舍谈吃》

作者：梁实秋

出版社：天津教育出版社

《雅舍谈吃》是梁实秋一生在饮食文化方面才华的集中展示。梁氏的文字飘逸、博引，让读者在文字中感受到令人垂涎欲滴的各地美食，读来妙趣横生。从做法、吃法到背景渊源，清新风趣，虽是纸上美味，但读起来的那份享受不亚于亲尝。如果您也喜欢吃，就和这位美食家一起去大饱口福吧！□

小贴士：

《2006年全国新闻出版业基本情况》发布

2006年全国图书、期刊、报纸用纸量增长1.84%；图书品种继续增长，达到233971种；报刊发行量呈现增长势头。

2006年，全国573家出版社出版图书总品种比上年增长5.17%，其中新版图书130264种，重版、重印图书103707种，总印数64.08亿册（张），总印张511.96亿印张，定价总金额649.13亿元。

2006年，全国共出版报纸1938种。与上年相比，各类报纸平均期印数增长0.79%，总印数增长2.89%。

2006年，全国共出版期刊9468种，与上年相比平均期印数增长0.91%，总印数增长3.38%。（郭腊梅摘编）

在恐怖和紧张中释放现代生活的压力

——推理小说最佳书

◎ 王传燕 编

推理文学始于1841年爱伦·坡的短篇小说《莫格街谋杀案》，而1887年柯南·道尔《血字的研究》的出版则炸响了全球创作者们的思绪。到了20世纪，英美等国成就了数名推理大师，如英国的克里斯蒂（Agatha Christie）、塞耶斯（Dorothy L. Sayers）、克劳夫兹（Freeman Wills Crofts），美国的范·达因（S.S. van Dine）、艾勒里·昆恩（Ellery Queen）、约翰·狄克森·卡尔（John Dickson Carr）、钱德勒（Raymond Chandler）、哈米特（Dashiell Hammett）、帕克（Rober Parker）等等，推理文学在世界文坛占有了自己的一席重位。推理小说流派纷呈，有古典、惊悚、硬汉、警察程序、间谍、犯罪、本格解谜（侧重逻辑推理）、历史推理、幽默推理、法庭推理等，能满足读者的不同品味。推理作品中的侦探形象是读者们阅读追随的主角，有业余侦探、警探，还有私家侦探，形象鲜活，智慧过人，深深吸引着广大的读者。

推理文学经历了160多年的历史，它是文学作品中最通俗、最牵动人心、最讨广大读者喜爱的类型之一。在西方，推理文学拥有绝对量痴迷狂热的读者；在中国，推理文学早在20世纪初就被积极译入。面对浩瀚的推理作品，在此特向读者推荐以下两份赏阅大餐：英国犯罪作家协会（The Crime Writers' Association，简称CWA）和美国推理作家协会（The Mystery Writers of America，简称MWA）分别评选出来的100部"有史以来最好的推理小说"，希望您能在其中找到适合自己口味的推理"西餐"，在一种或恐怖或严密的逻辑推理中获得阅读的快感，释放身心的压力。

英国犯罪作家协会评选的百部优秀作品中，美国占25部，英国72部，意大利、爱尔兰、苏格兰各1部；美国推理作家协会评选的百部优秀作品中，美国49部，英国47部，意大利、俄国、瑞典、加拿大各1部。两大排行榜有交叉也有各自的偏爱，两大排行榜加在一起，不计重复，共有156部作品（美国58部，英国92部，其他国家6部）。在此，我把同时位列这两大排行榜中的44部推理小说介绍给大家，各部作品，我先按作者国籍、再按作者英文姓名字顺排列。作品后面标识了该作品在排行榜的序号和相应的中译本出版机构，序号前者为作品在英国犯罪作家协会排行榜上的序号，后者为美国推理作家协会的排序号。

（美）雷蒙德·钱德勒（Raymond Chandler）

《长眠不醒》(The Big Sleep)(2,8)，群众出版社

《漫长的告别》(The Long Goodbye)(15,13)，麦田出版公司(台湾)

《永别了，我的恋人》(Farewell, My Lovely)(7,21)，群众出版社

《湖底女人》(The Lady in the Lake)(47,59)，群众出版社

雷蒙德·钱德勒，享有世界盛名的侦探小说大家，是硬汉派中最为人关注的作家之一，被称为“犯罪小说的桂冠诗人”。钱德勒塑造了私家侦探马洛，被誉为“美国的福尔摩斯”。

钱德勒创作了 7 部长篇与 20 个短篇。《漫长的告别》是其第 6 部长篇，是继《蓝色大丽花》(The Blue Dahlia)之后，二度赢得爱伦·坡年度最佳小说大奖的作品。《湖底女人》是钱德勒最有本格味道的杰作，无头尸体是其看点之一，同时本书塑造了一位随和怡人的老警察，增添了硬汉派作品的新亮点。

（美）达希尔·哈米特（Dashiell Hammett）

《马耳他之鹰》(The Maltese Falcon)(10,2)，上海译文出版社

《血腥收获》(Red Harvest)(94,39)，上海译文出版社

《玻璃钥匙》(The Glass Key)(31,88)，脸谱出版社（台湾）

达希尔·哈米特，与钱德勒共享推理硬汉派大家之名，其作品采取推理与写实紧密结合的创作手法。

《血腥收获》是哈米特的长篇处女作，也是其成名作。《马耳他之鹰》（又译《马耳他黑鹰》）号称硬汉派经典之作，曾经三次被改编成电影，其中 1941 年约翰·休斯顿(John Huston)导演、亨弗莱·鲍嘉(Humphrey Bogart)主演的版本最为著名，该部电影名列美国 20 世纪百部最佳影片第 23 位。

《马耳他之鹰》电影海报

（英）多萝西·塞耶斯（Dorothy L. Sayers）

《俗丽之夜》(Gaudy Night)(4,18)

《九曲丧钟》(The Nine Taylors)(18,28) ，群众出版社

《剧毒》(Strong Poison)(67,36)，群众出版社

《杀人广告》(Murder Must Advertise)(22,56)，群众出版社

多萝西·塞耶斯与阿加莎·克里斯蒂、约瑟芬·铁伊并称“推理三女王”，多萝西·塞耶斯在推理文学的发展历程中作出了非凡的贡献，她将推理小说从“纯粹解谜过关”的泥潭中拉拔出

来，并跻身到现代主流小说之林，在她的改革下，20世纪的推理文学有了真实的血肉面貌，而不再只是虚无缥缈的抽象命案。她创造了彼特·温西爵爷 (Lord Peter Wimsey) 这样一位永垂不朽的业余神探。《俗丽之夜》为她的最佳作品，《九曲丧钟》被公认是20世纪30年代最佳推理小说。

（英）阿加莎·克里斯蒂（Agatha Christie）

《无人生还》(And then there Were None)(19,10)，贵州出版社

《罗杰疑案》(The Murder of Roger Ackroyd)(5,12)，贵州出版社

阿加莎·克里斯蒂的侦探小说在我国已被多家出版社引进出版，相信读者能方便地饱览其系列作品。《罗杰疑案》为克里斯蒂的成名作；《无人生还》是克里斯蒂最受全球读者热捧的作品之一，被评为本格解谜第一名。

（英）柯南·道尔（Arthur Conan Doyle）

《福尔摩斯探案全集》(The Complete Sherlock Holmes)(21,1)，译林出版社

柯南·道尔，"英国侦探小说之父"，是全球读者耳熟能详的作家之一，其创作的"福尔摩斯"侦探备受读者的钟爱。其作品被美国推理作家协会评选为古典流派的第一名，代表作有《血字的研究》、《四签名》、《波斯米亚丑闻》、《红发会》、《五个桔核》、《最后一案》、《空屋》、《巴斯克维尔的猎犬》、《归来记》、《恐怖谷》等。

（美）爱伦·坡（Allan Poe）

《爱伦·坡短篇小说选集》(Tales of Mystery and Imagination)(23,3)，人民文学出版社

爱伦·坡，推理小说的鼻祖，其小说怪诞离奇，恐怖气氛浓厚，受读者追捧的作品有如《莫格街谋杀案》、《玛丽·罗杰神秘案件》、《怪诞故事集》、《黑猫》、《金甲虫》、《你就是杀人凶手》、《被盗窃的信》、《写在羊皮纸上的遗嘱》等。

（英）约瑟芬·铁伊（Josephine Tey）

《时间的女儿》(The Daughter of Time)(1,4)，华夏出版社

《法兰柴思事件》(The Franchise Affair)(11,81),华夏出版社

铁伊一生只写了八本推理小说,本本都非常优秀。《时间的女儿》是推理小说史上一部空前也极可能绝后的奇书，不仅因为它被美国推理作家协会集体票选为历史推理的第一名,最重要的是它对历史采取了严谨和磊落的描述。阅读《时间的女儿》,它能让你保持一种谦逊的态度、感受细腻的思维、体验高度的文学鉴赏力以及在文学的氛围中重温英国的历史。《法兰柴思事件》被认为是“推理史上最好的一本不存在死亡的推理小说”。

(美)斯考特·特洛(Scott Turow)

《假设无辜》(Presumed Innocent)(48,5),台北：皇冠文化出版公司(译为《无罪的罪人》)

《假设无辜》是个谋杀的故事,但主题不是谋杀,主题是背叛,作品中背叛无处不在,涉及父子关系、夫妻关系、同事关系和上下级关系。它是法庭推理小说中的经典之作,迄今还没有其他作品能够超越,特洛自己也没有能够超越自己,在美国版排行榜中列法庭推理第一名。好莱坞大片《假设无辜》根据此同名小说改编。

(英)威尔基·柯林斯(Wilkie Collins)

《月亮宝石》(The Moonstone)(8,7),群众出版社

《白衣女人》(The Woman in White)(28,32),上海译文出版社

诺贝尔奖获得者艾略特曾评价《月亮宝石》为“最优秀的英国侦探小说”。《白衣女人》也是一本非常值得用心品读的佳作,它是第一部以不同叙述人的叙述陈词撰写而成的推理小说,营造出变幻莫测的悬疑气氛,能最大限度地保持住阅读的新鲜感。

(英)彼得·拉佛西(Peter Lovesey)

《摇摆死刑》(Wobble to Death)(93,63)

《摇摆死刑》是彼得·拉佛西1970年为参加由麦克米伦出版公司举办的犯罪小说新人奖比赛而激情创作的作品，获得第一。拉佛西塑造的神探叫克立伯(Richard Cribb),克立伯探案系列小说笔触轻松幽默,以丰富有趣、光怪陆离的维多利亚时代

为背景，穿插运用运动类主题，带给人阅读的轻松与活力。

（意）安伯托·埃柯（Umberto Eco）

《玫瑰的名字》(The Name of the Rose)(13,23)，作家出版社

安伯托·埃柯学识渊博，他的《玫瑰的名字》是一部“百科全书”式的作品，书中深藏着富有乐趣的科学知识。本作品讲述中世纪修道院里的凶杀案，在历史推理流派中仅次于约瑟芬·铁伊《时间的女儿》。

（美）玛格丽特·米勒（Margaret Millar）

《无解之心》(Beast in View)(75,79)，群众出版社

玛格丽特·米勒，挖掘心理黑暗面的悬疑惊悚大师。米勒与罗斯·麦克唐纳夫妻双双都曾获美国推理作家协会 “推理大师奖”。玛格丽特的作品特色是善于探索心理层面所能承受的压力极限。她的作品还有：《眼中的猎物》、《神魂颠倒的女人》、《谋杀米兰达》、《坟墓里的陌生人》、《善恶园中的猎手》和《人与魔》等。

（美）鲁丝·伦德尔（Ruth Rendell）

《仪式》(A Judgment in Stone)(39,89)

鲁丝·伦德尔是美国当代最著名的女性推理作家，擅长撰写具有较强心理洞察力的犯罪小说，曾四获英国金匕首奖。在英国犯罪作家协会的“最佳女性推理作家”评选中，她压过了克里斯蒂和塞耶斯，成为得票最高的女性作家。在此还扩展推荐其《活色生香》(群众出版社有中译本)和《赏心悦目》（上海译文出版社）两部值得一读的作品。

（美）帕翠西亚·海史密斯（Patricia Highsmith）

《聪明的瑞普利先生》(The Talented Mr. Ripley)(45,71)，四川文艺出版社

海史密斯的作品风格独特，精于描写人物思维、心理状态，情节布局，步步为营。主要作品有《火车怪客》、《聪明的瑞普利先生》、《双面门神》、《悬念的虚构》等。她最著名的作品是以瑞普利为主角的系列小说，其中又以《聪明的瑞普利先生》最受读者欢迎，曾风靡欧美，已由名导演安东尼·明戈拉搬上银幕，同名电影荣获金球奖最佳影片、最佳导演、最佳男主角、最佳男配角、最佳配乐等五项提名。

《蝴蝶梦》（即《丽贝卡》）电影海报

（英）达芙妮·杜·穆里埃（Daphne du Maurier）

《丽贝卡》(Rebecca)(6,9)，上海译文出版社

希区柯克拍摄的《蝴蝶梦》就是《丽贝卡》的电影版，同时本作品被评选为惊悚流派第一名，非常值得一读。

（美）詹姆斯·凯恩（James M. Cain）

《邮差总敲两次门》(The Postman Always Rings Twice)(30,14)，译林出版社

詹姆斯·凯恩，美国小说家兼电影剧作家，作品多为通俗小

说，善于铺排情节，描写男女情欲纠葛与人性冲突。凯恩的许多作品被搬上银幕，如《火车谋杀案》、《欲海情仇》、《小夜曲》。《邮差总敲两次门》曾两次被搬上银幕(1946、1981)。

（英）弗雷德里克·福赛斯（Frederic Forsyth）

《职业刺客》(The Day of the Jackal)(17,20)，群众出版社

《职业刺客》，又译为《豺狼的日子》，福赛斯的处女作，也是其惊险小说的巅峰之作，一出版便轰动推理文坛，成为年度第一畅销书，1972 年获得爱伦·坡年度最佳侦探小说奖。

（英）约翰·巴肯（John Buchan）

《三十九级台阶》(The Thirty-nine Steps)(20,22)，贵州人民出版社

本书以第一次世界大战前夕为背景，虚构了一出平民卷入间谍战，最后延缓战争爆发的精彩情节。本书经悬念大师希区柯克改编成为电影后，亦成为电影史上经典惊险故事片之一。

（美）马丁·克鲁兹·史密斯（Martin Cruz Smith）

《高尔基公园》(Gorky Park)(82,35)，世界知识出版社

《高尔基公园》的电影版被译为《血洒红场》，位列侦探电影前十，曾提名 1984 年的金球奖。

（英）连·戴顿（Len Deighton）

《伊普克雷斯档案》(The Ipcress File)(9,43)

《伊普克雷斯档案》是一部类似于 007 的惊险间谍小说。其电影版由迈克·凯恩主演，并获第 19 届英国学院奖最佳影片、最佳摄影等奖项。

（英）格雷厄姆·格林（Graham Greene）

《神秘的第三者》(The Third Man)(72,48)，文化艺术出版社

《布赖顿硬糖》(Brighton Rock) (46,69)，浙江文艺出版社

格雷厄姆编剧的电影《第三个人》，曾获第三届戛纳电影节金棕榈大奖，电影一举成名，小说《神秘的第三者》旋即被出版且受读者热烈追捧。

小贴士：

重要的推理小说奖

大师奖（Grand Master Award，美国）

美国推理作家协会（MWA）授予对推理小说领域作出杰出贡献的人，这是一个极高的荣誉奖，1955 年首次颁发。

爱伦·坡奖（Edgar Allen Poe，美国）

被誉为“推理小说中的奥斯卡奖”，一般称为爱德加奖（Edgars）或者爱伦·坡奖。由美国推理作家协会（MWA）在每年 3 月颁发，以推理小说创始人爱德加·爱伦·坡命名，1946 年首次颁发。

阿加莎奖(Agatha，美国)

由 Malics Domestic 大会出席者投票选出，授予过去一年最佳的传统推理小说，以阿加莎·克里斯蒂的名字命名，虽然有男性作者被提名，但大部分获奖者是女性，奖品是一只茶壶。

希罗多德奖（Herodotus Awards，美国）

历史推理小说欣赏研究会（Historical Mystery Appreciation Society）将此奖授给最佳历史推理作品，以公元前 5 世纪的历史学家希罗多德命名，1998 年设立。

钻石匕首奖（Cartie Diamond Dagger Award，英国）

英国犯罪作家协会授予在推理文学领域有突出贡献的人，1986 年首次颁发。

匕首奖（Daggaer Award，英国）

英国犯罪作家协会指定的独立委员会对上年 10 月 16 日至当年 10 月 15 日之间出版的作品进行条件评比而评选出的优秀作品奖。

历史匕首奖（Ellis Peters，英国）

由英国犯罪作家协会颁发，提名作品必须是历史推理小说，历史匕首奖金为 3000 英镑加上一把装饰性的匕首，1999 年首次颁发。

马洛奖（Marlowe Award，德国）

由雷蒙德·钱德勒法理协会颁发，以钱德勒笔下著名的侦探菲利普·马洛命名，授给最佳犯罪小说。

马耳他之鹰奖（日本）

由日本马耳他之鹰协会颁发，主要对象为硬汉派作品，1983 年首次颁发，获奖作品由会员选出，除奖状外，另有一座“鹰”雕像。

江户川乱步奖

日本推理作家协会和讲谈社协办，1955 年开始，最初是江户川乱步设立 100 万日元作为推理小说奖项，后来奖金由 5 万日元增至 1000 万日元，此外，奖品还有一尊福尔摩斯像。

横沟正史奖

此奖是为纪念日本推理作家横沟正史，角川书店于 1981 年设立的，授予优秀的从没发表过的长篇推理作品，获奖者以新人占多数，奖金为 500 万日元。

日本推理作家协会奖

日本推理作家协会于 1948 创立了侦探作家 Club 奖， 1963 年开始定名为日本推理作家协会奖，这个奖项以现职推理作家为授奖对象。

（王传燕摘自谢刚《侦探小说领域的 28 个奖项》）

（英）约翰·勒·卡雷（John le Carre）

《受冷漠的人》(The Spy Who Came in from the Cold)(3,6)，新华出版社

《锅匠，裁缝，军人，间谍》(Tinker, Taylor, Soldier, Spy)(33,30)，译林出版社

《受冷漠的人》是卡雷的成名作，也是推理流派中间谍类第一名。

希区柯克导演的电影《三十九级台阶》海报

（英）E·C·本特利（E. C. Bentley）

《特伦特最后一案》(Trent's Last Case)(34,33)，译林出版社

（美）东尼·希勒曼（Tony Hillerman）

《时间小偷》(A Thief of Time)(69,53)，群众出版社

（英）艾德蒙·克里斯宾（Edmund Crispin）

《玩具店不见了》(The Moving Toyshop)(25,72)，译林出版社

（英）伊恩·弗莱明（Ian Fleming）

《来自俄国的爱情》(From Russia, with Love)(35,78)，百花文艺出版社

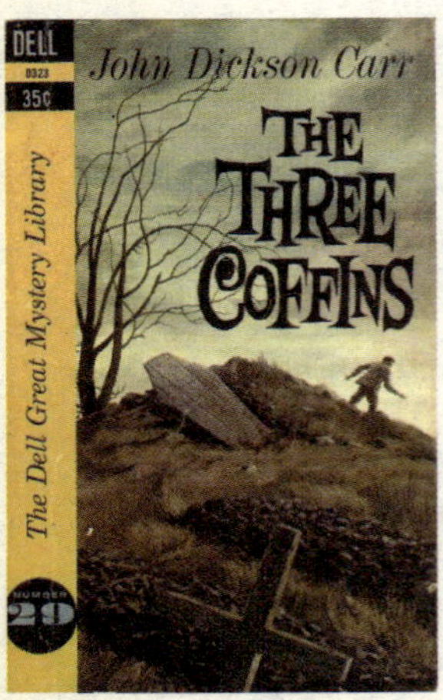

《三口棺材》英文版封面

（英）约翰·狄克逊·卡尔（John Dickson Carr）

《三口棺材》(The Three Coffins)(40,96)，译林出版社

（英）艾瑞克·安卜勒（Eric Ambler）

《迪米特里奥斯之棺》(A Coffin for Dimitrios)(24,17)

（英）杰弗里·豪斯华德（Geoffrey Household）

《枪杀希特勒》(Rogue Male)(14,55)

（美）赫拉利·瓦渥（Hillary Waugh）

《最后的衣着》(Last Seen Wearing)(12,74)，远流出版事业股份有限公司（台湾）

（英）麦克·吉尔伯特（Michael Gilbert）

《尸体变小了》(Smallbone Deceased)(64,80)

附：本文参考资料

《Hatchards Crime Companion: The Top 100 Crime Novels of All Time Selected by The Crime Writers Association》，苏珊·穆迪（Susan Moody）编，Hatchards，1990年9月。

《The Crown Crime Companion: The Top 100 Mystery Novels of All Time》，美国推理作家协会（Inc. Mystery Writers of America）编，Three Rivers Press，1995年5月。

http://www.listsofbests.com/list/6900

http://www.listsofbests.com/list/20172

http://www.wish365.com/blog/user1/348/archives/2006/9846.htm

http://www.wish365.com/blog/user1/348/archives/2006/9847.htm□

小贴士：

美国推理作家协会票选出的另类排行榜

最受欢迎女作家
1）阿加莎·克里斯蒂
2）多萝西·塞耶斯
3）苏·葛拉芙顿

最受欢迎男作家
1）雷蒙德·钱德勒
2）东尼·希勒曼
3）柯南·道尔

最受欢迎的杀人城市
1）纽约
2）伦敦
3）洛杉矶

最受欢迎的凶器
1）冷冻的小羊的腿
2）蛇
3）教堂的钟

最受欢迎的侦探电影
1）《马耳他之鹰》（The Maltese Falcon）
2）《唐人街》（Chinatown）
3）《沉默的羔羊》（Silence of the Lambs）

最好的厕所书

◎ 周国华 编

如厕读书,自古有之,典故文字皆有流传。欧阳修说:“上厕读小词,盖未尝释卷也。”周作人的看法是:“上厕时看点书却还是可以的,看一些随笔类最好,顶不行的是小说。”据说,毛泽东也有在厕所里读书的习惯。

现在社会,生活节奏快,工作压力大,独享轻松愉快阅读空间的机会,几乎被疲于奔波的生活所榨干,而如厕,这短短的几分钟,就愈显弥足珍贵了。如厕时读些什么样的书更好,更能愉悦心情呢?根据笔者的经验,如厕时最好读一些短小精悍、轻松幽默之漫画、杂文、随笔,图文并茂甚佳,一篇收尾,感觉已到,书阅毕,事办完,哪到哪了,不必为“下回分解”而牵肠挂肚,起身净手之间,回味书中无穷之趣事之衰事,笑也罢,骂也好,都随咕隆隆水声而去……

这里,笔者从书海里顺手拈来几本还算说得过去的小书,希望给您如厕时短短几分钟的自由空间里带来“失重”后的轻松愉悦,偷偷一乐,也就足矣!

1.《说来话儿长》

林行止 上海书店出版社

本书前冠以黄永玉的序《出恭如也》及黄手绘的“出恭十二图”。从插图及序可以看出,全书的主题正在于人类的“出口”。作者知识广博,视野广阔,信手拈来,涉笔成趣,无论是谈“便便”,还是谈“那话儿”,都给人耳目一新之感,很适合如厕时阅读。写得很是有趣,睿智,幽默。

2.《三国志 水浒传——蔡志忠幽默漫画》

蔡志忠 编绘 三联书店

蔡志忠一直以来以改编经典古籍和经典小说为主要创作方面,成绩斐然。这本书，作者从小说版的情节出发，再融入蔡氏独家的趣味联想和时事妙解，成为蔡志忠暂时封笔前最重要的幽默作品。

3.《关于上班这件事》

朱德庸　中信出版社

第一本350则彩绘四格办公室摸鱼漫画，上班族防笨宝典·大老板压榨秘籍，第一本会被老板们查禁的上班族禁书！一本让每个员工忘掉焦虑，却让老板更焦虑的漫画天书！

另外，还建议选择作者的另一套漫画——《双响炮》（现代出版社），这是一套男人与女人的战争漫画，全套七本，本本好看。

4.《小女贼在惦记》

钱海燕编绘　作家出版社

和谐是画中清新的女性气息，幽默，风雅而俏皮；笔触朴素干净，立意聪慧洒脱，会心一笔，颇有禅意，令人醒豁于稚拙之间。该书适合卧时看和如厕时看。

5.《不许联想：一个无聊人和他的无聊博客》

王小峰　上海人民出版社

这是作者近两年来在报刊杂志及其博客上发表的时评、娱评、随笔和段子的合集，行文幽默诙谐，泼辣尖锐，嬉笑怒骂。语言中的京味儿也为本书增添了阅读趣味，读者能从阅读中体会当下北京流行文化的特色。文图并茂，相映成趣。

6.《图说天下：全球最美的100个地方》

《全球最美的100个地方》编委会　吉林出版集团有限责任公司

本书1500多个绚丽多姿的地理景观，4000余幅美轮美奂的摄影图片，编织出一次穿越时空的梦幻之旅。使你足不出厕，纵览天下美景，快哉。

7.《城市笔记精选——家有河东狮》

程益中主编　花城出版社

浴室藏书也别有一番风味。美国当代艺术史专家、设计师兼藏书家琼·瓦什就曾说过："我从九岁开始，就一直在澡盆里阅读。我经常把书掉落水中，许多书被毁坏了，也许有一天我在澡盆里读着读着会被淹死。那是多么美妙的死法啊。"

此图选自《用书装饰你的家》英文版

本书是城市笔记精选之一，书中的文章幽默风趣、内容情节新颖。

8.《大 S 美容随笔》

徐熙媛　当代世界出版社

该书谈不上是"美容随笔"，应该算是大 S 的生活心得。书中照片很多，拍得还算有意境，喜欢大 S 的人可以买来如厕欣赏。

9.《**东写西读**》

陆灏　上海书店出版社

挺好读的一本，不经意间带出许多信息，而且陆公子的平和宽容的态度让人很舒服。完全的休闲用品，书握在手里感觉很舒服，也方便携带，短文写得可爱、有趣味。

10.《**小时候**》

桑格格　新星出版社

这部半自传体和半虚构的小说以混合着四川方言的口语写成，它选择了一个成都女童的主观世界作为展开方式：从最细枝末节的玩物、游戏、口头禅、流行的人和事，到整个似曾相识的童年经历，这一切被作者以散点叙事的方式娓娓道来，如同儿童记忆特有的前后颠倒和琐碎，于是在一个大的时间框架下，一个时代的集体记忆被化解成无数令人忍俊不禁的小故事，使小说几乎可以从任何页码读起。

11.《**习惯性八卦：语词笔记**》

黄集伟　中国社会科学出版社

黄集伟是个耳朵很馋且嘴巴很贫的人，这保证了他的信息

来源的广博和传播速度的快捷，加之天生的情与趣，使得他的每本语词都不仅与时俱进、活色生香，而且都多少有那么点儿“意思”，让我们读来饶有兴致乃至忍俊不禁。另外，文字的别致与考究，是黄的一贯风格，大有语不惊人死不休的架势，一直很得人心。

12.《不服从的江湖》

王怡　上海三联书店

王怡笔下的杂文，可谓当今杂文中之另类。文章包罗万象，笔调轻松自如、诙谐幽默，善用民间的活语言，作者对自由主义有着深刻的理解和浓厚的兴趣，因而在评论人和事时有自己的主导立场，而不是人云亦云，左右摇摆。

13.《为什么是俗人》

刘登阁　中国水利水电出版社

这是一本揭示人性弱点的力作，语言幽默、诙谐，文字充满哲理，对世人有一种警示作用。

14.《闲话中国人》

易中天　上海文艺出版社

本书中，作者往往用生活习惯用语叙述生活习惯，风趣幽默。从饮食到服饰，从单位到家庭，从面子到人情到友谊，把各个似乎是不相关的方面，从一引申到二，从二引申到三，看完这一章还想接着看下一章。

15.《十三不搭》

朱叶青　中国友谊出版公司

“十三不搭”是麻将的一副小花色，即小胡。本书以普通凡人的视野，解读历史，调侃生活。风格诙谐幽默，思想睿智、犀利、独到，文笔挥洒自如，嬉笑怒骂，酣畅淋漓。读来轻松自在，于只言片语间透出生活智慧和人生豁达。

16.《一年签一次婚约》

刘齐　岳麓书社

本书“黑”味无穷，“邪”趣横生。文笔朴素幽默，爆笑后引发深思。

17.《汉字禅解》（上下）

赵文竹　中国友谊出版公司

本书清新活泼，睿智幽默，表情丰富，且透出无限新意和重重禅机。当你随着作者那轻松的笔调导引走进每个汉字、每个成语的结构深处时，一不留神便将自己置身于五彩斑斓的世界之中。文体不拘一格，融杂文、故事、散文诗、幽默小品等多种形式于一炉，每幅作品再配以作者创作的许多精彩国画小品，让人爱不释手。

18.幽默脑轻松

沈东云主编　金城出版社

幽默具有惠己悦人的神奇功效，无论任何场合，幽默的人总会赢得他人的好感，获得众人的支持和理解。这本书，恰恰就是在紧张生活中给你的一副快乐冲剂。在你忧愁烦恼的时候，拿起它，翻一翻，让自己能开心地笑一笑。□

适合各种不同心情、时刻、理由的书

◎ 王传燕　编

针对出版物的大量涌现，世界各地的爱书人似乎一直在永不疲倦、无比热情地编撰各有千秋的推荐书目或阅读指南，以满足广大读者不同的阅读需求，提高阅读生活质量。

美国图书馆员、书评家南希·珀尔（Nancy Pearl）编著的图书《Book Lust：Recommended Reading for Every Mood，Moment，and Reason》（Sasquatch Books，2003年8月出版），为我们提供了一份主题清晰，具有广泛阅读功能的书单。这其实是一个大书单，包括174个有趣的主题书目，使你在任何时候都可以开始愉快的阅读，因为这174个主题几乎涵盖了所有的情形，不论你当下正处在何种心情、时刻，或出于何种理由，本书都为你开出了最适合你的书目。

本作品台湾已出版繁体中文译本：《书痴指南》，柯惠琮译，阅读地球文化事业有限公司，2007年2月出版。（注：下文中所介绍的作品汉译名皆来自柯惠琮的译本《书痴指南》）

南希·珀尔

相约南希·珀尔

南希·珀尔（Nancy Pearl），出身自一个中下阶层的社区，家庭环境没有带给她多少快乐；她的童年和少年时光，几乎都泡在图书馆。阅读丰富了她的生活，她甚至认为阅读拯救了她。珀尔认定图书馆员是最棒也是最高贵的职业之一。她曾经在底特律公共图书馆、陶沙市图书馆、西雅图公共图书馆工作。目前担任西雅图公共图书馆编目组兼华盛顿图书中心主任，发起过“一座城，一本书”（If All of ‘you name the city’ Read the Same

Book）活动。她从小浸泡在图书馆，养成了阅读的兴趣，爱上了阅读，成年后将爱好与工作结合起来。有了日积月累的阅读经验和工作经历，珀尔开始发表书评，众多书评散见于美国各地方与全国性期刊。同时她编撰了两本具有阅读推荐功能的作品：《选书：1978—1998重要小说指南》(Now Read This: A Guide to Mainstream Fiction, 1978–1998)和《选书Ⅱ：1990–2001重要小说指南》(Now Read This Ⅱ: A Guide to Mainstream Fiction, 1990–2001)，除《书痴指南》以外，她还出版了《书痴指南续》(More Book Lust: Recommended Reading for Every Mood, Moment, and Reason)等。

阅读的少女

富有创意的选书指南

《书痴指南》(Book Lust: Recommended Reading for Every Mood, Moment, and Reason)是南希·珀尔作为爱书人、图书馆员、书评家的知识结晶。本书内容涉及174个主题，每个主题的名字形象生动，按主题名称的字母顺序排列；珀尔采取引领、探讨的形式，并加上她个人的阅读心得，娓娓道来：有概念、知识的阐述，有作家、作品的简介和评论，语言或平实，或个性鲜明，引人入境。让读者感觉仿佛是在读一本文学作品，冲破了传统推荐书目的呆板和教条。珀尔使用了"入门书"、"必读书"、"最爱"、"我特别喜爱"、"千万别错过"、"不得不读"、"值得一读"、"可参考" 等等不同的评语，在一定程度上给读者表述了阅读选择的侧重。

本书涵盖文献逾三千种，涉猎古今最重要、最具代表性或最有趣的作品。在丰富多彩的各种主题下，介绍了不同体裁、不同国籍，甚至不同学科领域的作品，能满足各个年龄段、不同社会身份的读者在特定时期的个性阅读需求。其中几个大的板块包括：不能错过的作家及其整个作品，有关探险或旅行的作品，富有各国、各地区鲜明特色的文学作品，以家庭成员和

《书痴指南》英文版封面

家庭关系为描述主体的作品，各类小说，科普或科学读物等。同时推荐了许多富有个性的主题，如以猫为主角的推荐书目叫“为猫疯狂”，以看球为主题的推荐书目“带我去看球（棒球）”等等。

珀尔撰写的推荐文字也很有意思，在此摘录一些让大家一睹为快：

“一位真正的读者绝对无法抗拒这本名为《恋书狂》的书！”

“我总会把拉雅德·吉卜林的《吉姆》一书推荐给：一、喜欢印度的人；二、因为吉卜林的政治观点而不喜欢他的人……四、想阅读精彩冒险奇谈的人。我发现自己每隔两三年都会重读这本书。”

“甘蒂斯·布希奈尔在《纽约观察家》杂志写的专栏，正是红透半边天的电视连续剧《欲望城市》的脚本基础。”

“哈金以《等待》获得美国国家图书奖文学类首奖的殊荣，不过他的短篇小说写得更好，可读读他的《新郎》……”

“《小王子》是圣·修伯里最广为人知的儿童文学，但《风沙星辰》、《夜间飞行》、《南方信件》才能真正看到他的才华。”

“若想对鬼故事有更深入与宏观的了解，一定要把彼得·海尼殷编撰的《二十世纪鬼故事大全》列为优先阅读书目。”

“我所读过最震撼也最令人心神大乱的作品是盖恩斯的《死亡纪事》，不仅因为其主题，也因为其文字实在太美。”

部分推荐书目

由于本书所包含的推荐书目数量非常庞大，在此精选珀尔开列的一部分主题推荐书单陈列如下：

在沙发上旅行（Armchair Travel）

享受舒适的坐椅，感受在家的闲适和宁静，形止神走，随同他人一起旅行。本主题推荐作品让你在家享受旅行的快乐。

艾瑞克·纽比（Eric Newby）：《走过兴都库什山》（A Short Walk in the Hindu Kush）

威福瑞·塞西格（Wilfred Thesiger）：《阿拉伯沙地》（Arabian Sands）

彼得·佛莱明（Peter Fleming）：《鞑靼：北京到喀什米尔的旅程》（News from Tartary: A Journey from Peking to Kashmir）

保罗·索鲁（Paul Theroux）：《繁荣的铁路市集：亚洲铁路之旅》（The Great Railway Bazaar: By Train Through Asia）

安·琼斯（Ann Jones）：《寻找洛卑杜：一个女人跨越非洲的旅程》（Looking for Lovedu：A Woman's Journey Across Africa)

科林·施伯龙（Colin Thubron）：《西伯利亚》（In Siberia）

强纳森·雷班（Jonathan Raban）：《水路入朱诺》（Passage to Juneau）

马建：《非去流浪》（Red Dust: A Passage to China）

萨尔沃密·拉维兹（Salvomir Rawicz）：《长途跋涉》（The Long Walk）

吉儿·佛瑞斯顿（Jill Fredston）：《滑向高纬度》（Rowing to Latitude: Journey Along the Arctic's Edge）

育儿手册（Babies: A Reader's Guide）

在此推荐的作品侧重从儿童的情绪和心理需求进行分析，有助于父母更好地教养孩子，促进亲子关系的建立。

布鲁诺·贝特尔海姆（Bruno Bettelheim）：《满分父母：教养之书》（A Good Enough Parent: A Book on Child-Rearing）

A.S.尼尔（A. S. Neil）：《夏山学校》（Summerhill）

佛赖伯格（Selma H. Fraiberg）：《孩子的生存权：捍卫爱的教育》（Every Child's Birthright: In Defense of Mothering）

海穆·吉诺特（Haim Ginott）:《亲子之间》（Between Parent and Child）

最佳商业书（BBB: Best Business Books）

在此推荐了对20世纪末、21世纪初的美国财经运作具有深远影响的大作。

麦尔肯·葛拉威尔（Malcolm Gladwell）：《引爆趋势》（The Tipping Point: How Little Things Can Make a Big Difference）

帕克·安德席尔（Paco Underhill）：《花钱有理：新时代消费行为大预测》（Why We Buy: The Science of Shopping）

迈可·路易斯（Michael Lewis）：《老千骗局：华尔街超级营业员的故事》（Liar's Poker: Rising Through the Wreckage on Wall Street）

康妮·布鲁克 （Connie Bruck）：《掠夺者的球》（The Predators' Ball: The Inside Story of Drexel Burnham and the Rise of the Junk Bond Raiders）

鬼故事（Ghost Stories）

《老鼠：一个劫后余生的故事》封面

M.R.詹姆斯（M. R. James）：《古董商的鬼故事》（Ghost-Stories of an Antiquary）

彼得·海尼殷 （Peter Haining）：《20世纪鬼故事大全》（The Mammoth Book of the 20th-Century Ghost Stories）

亨利·詹姆斯（Henry James）：《碧庐冤孽》（The Turn of the Screw）、《伊迪丝·华顿的鬼故事》（The Ghost Stories of Edith Wharton）

查尔斯·威廉姆斯 （Charles Williams）： 《万圣节前夕》（All Hallow's Eve）

雪莉·杰克森 （Shirley Jackson）： 《鬼入侵》（The Haunting of Hill House）

艾丝怀斯·桑恩（Elswyth Thane）：《幽会》（Tryst）

桑恩·史密斯（Thorne Smith）：《托普先生》（Topper）、

《托普先生去旅行》（Topper Takes a Trip）

书虫之书（Books About Books）

哈洛·雷宾诺维兹（Harold Rabinowitz）和罗伯特·卡普兰（Robert Kaplan）：《恋书狂》（A Passion for Books：A Book Lover's Treasure of Stories，Essays，Humor，Lore，and Lists on Collecting，Reading，Borrowing，Lending，Caring for，and Appreciating Books）

费迪曼（Clifton Fadiman）：《一生的读书计划》（The Lifetime Reading Plan）

温蒂·莱瑟（Wendy Lesser）：《事过境迁：重读与回忆》（Nothing Remains the Same: Rereading and Remembering）

法兰西斯·史帕佛（Francis Spufford）：《书养大的孩子》（The Child That Books Built: A Life in Reading）

尼可拉斯·巴斯班斯（Nicholas Basbanes）：《文雅的疯狂》（A Gentle Madness: Bibliophiles，Bibliomanes，and the Eternal Passion for Books）、《耐心与毅力》（Patience & Fortitude：A Roving Chronicle of Book People，Book Places，and Book Culture）

《书养大的孩子》英文版封面

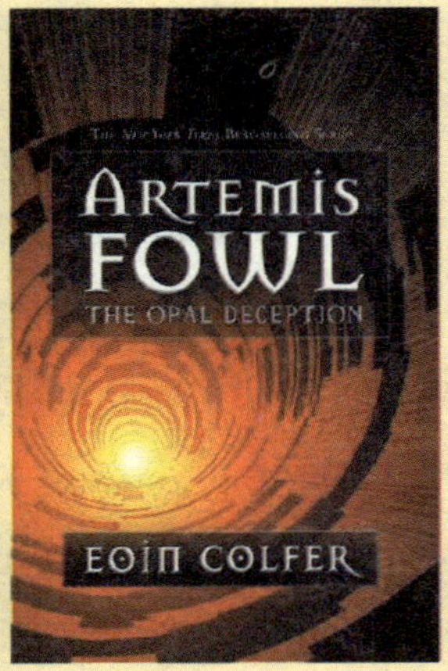

中：《夏日末梢》英文版封面

右：《阿特米斯奇幻历险》英文版封面

罗拿·史瓦兹(Ronald B. Shwartz):《献给爱书人：150位作家谈书》(For the Love of Books：Celebrated Writers on the Books They Love Most)

安娜·昆德兰 (Anna Quindlen):《阅读如何改变我的生活》(How Reading Changed My Life)

安·法第曼 (Anne Fadiman):《爱书人的喜悦： 一位普通读者的告白》(Ex Libris：Confessions of a Common Reader)

琳恩·莎朗·史瓦茨 (Lynn Sharon Schwartz):《读书毁了我》(Ruined by Reading: A Life in Books)

史蒂芬·吉尔伯 (Steven Gilber):《床上阅读》(Reading in Bed：Personal Essays on the Glories of Reading)

麦可·杜瑞斯(Michael Dorris)，艾蜜丽·布区沃(Emilie Buchwald)：《最棒的书：作家的读书趣味》(The Most Wonderful Books： Writers on Discovery the Pleasures of Reading)

绘本(Graphic Novels)

绘本是当代极受读者追捧的文献，在此推荐7本图文融汇一体、相得益彰的优秀绘本。

班·凯却尔(Ben Katchor)： 《纽约的犹太人》(The Jew of New York)、《摄影师尼伯的镜中世界》(Julius Knipl，Real Estate Photographer: The Beauty Supply District)

菲比·格勒克纳(Phoebe Gloeckner)： 《一个小孩的生活》(A Child's Life)

阿尔特·史匹克曼(Art Spiegelman)： 《老鼠： 一个劫后余生的故事》(Maus： A Survivor's Tale)、《老鼠Ⅱ： 麻烦来了》(Maus Ⅱ： And Here My Troubles Began)

克理斯·威尔(Chris Ware)： 《吉米·科瑞根： 地球上最聪明的小孩》(Jimmy Corrigan: The Smartest Kid on Earth)

雷蒙·布力格(Raymond Briggs)： 《伊莎与恩尼斯特》(Ethel & Ernest)

体育赛事（Sports and Games）

在此，珀尔推荐的是有关体育的大众读物。

罗拉·希林布兰（Laura Hillenbrand）：《海饼干——史上最伟大的赛马传奇》（Sea Biscuit）

罗杰·卡恩（Roger Kahn）：《夏日男孩》（The Boys of Summer）

约翰·范斯坦（John Feinstein）：《致命一击：一晚，两条生命，和改变篮球历史的争斗》（The Punch: One Night, Two Lives, and the Fight That Changed Basketball Forever）、《最后业余球员》（The Last Amateurs）、《为荣誉而战：全美大学篮球锦标赛第一分区》（Playing for Glory and Honor in Division I College Basketball）、《危险边线的球季：与鲍伯·耐特和印地安大学队的一年》（A Season on the Brink：A Year with Bob Knight and the Indiana Hoosiers）

H. G. 比辛格（H. G. Bissinger）：《星期五夜光：一座小镇，一支球队和一个梦想的故事》（Friday Night Light：A Town, A Team, A Dream）

约翰·麦克菲（John McPhee）：《存在感：侧写比尔·布莱德利》（A Sense of Where You Are：A Profile of William Warren Bradley）

大卫·霍伯斯坦（David Halberstam）：《破局》（The Breaks of the Game）

成人也喜欢的儿童奇幻小说（Not Only for Kids: Fantasies for Grown-Ups）

J.K.罗琳：《哈利·波特》系列

艾欧因·寇弗（Eoin Colfer）：《阿特米斯奇幻历险》（Artemis Fowl）

诺顿·杰斯特（Norton Juster）：《神奇收费亭》（The Phantom Tollbooth）。

雷蒙尼·史尼奇（Lemony Snicket）：《悲惨的开始》（The Bad Beginning）、《可怕的爬虫屋》（The Reptile Room）、《鬼魅的大窗子》（The Wide Window）、《邪恶的村子》（The Vile Village）

南希·法墨（Nancy Farmer）：《祖灵之子》（The Ear, the Eye and the Arm）

艾娃·易勃森（Eva Ibbotson）：《男巫选亲》（Which Witch？）

詹姆斯·桑伯（James Thurber）：《十三个时钟》（The 13 Clocks）

奈比特·芭比特（Natalie Babbitt）：《永远的狄家》（Tuck Everlasting）

需要三条手帕的作品(Three-Hanky Reads)

神为书伤，这是具有丰富情感因子的读者常有的现象。以下推荐让你动情不已的作品。

E. J.盖恩斯(Ernest J. Gaines)：《死亡纪事》(A Lesson Before Dying)

史蒂夫·克拉杰(Steve Kluger)：《夏日末梢》(Last Days of Summer)

赖瑞·麦克莫崔(Larry McMurtry)：《亲密关系》(Terms of Endearment)

亚历山卓·马歇尔 (Alexandra Marshall)：《贾斯铜像》(Gus in Bronze)

多雷斯·贝堤(Doris Bettes)：《灵魂自死者升天》(Souls Raised from the Dead)

伊丽莎白·伯格(Elizabeth Berg)：《睡前呢喃》(Talk Before Sleep)

派翠西亚·葛芬妮(Patricia Gaffney)：《守护天使》(The Saving Graces)

苏·米勒 (Sue Miller)： 《好母亲》(The Good Mother)

琳恩·莎朗·史瓦茨 (Lynne Sharon Schwartz)：《哲学的烦恼》(Disturbances in the Field)

艾丝怀斯·桑恩(Elswyth Thane)：《幽会》(Tryst)

L.M.蒙哥马利(L. M. Montgomery)：《安妮的爱情》(Anne of the Island)

露意莎·梅·阿尔科特 (Luisa May Alcott)：《小妇人》(Little Women)

詹姆斯·霍维尔·史垂特（James Howell Street）：《再会，我的淑女》（Goodbye, My Lady）

威廉·阿姆斯壮（William Armstrong）：《大嗓门传奇》（Sounder）

马歇尔·桑德斯（Marshall Saunders）：《美丽的乔：一只狗的故事》（Beautiful Joe: A Dog's Own Story）

科学书（给有兴趣却担心看不懂的读者）〔Science Books (for the Interested but Apprehensive Layperson)〕

迪克·特里斯（Dick Teresi）：《消逝的发现：现代科学的远古起源：从巴比伦到马雅文化》（Lost Discoveries: The Ancient Roots of Modern Science: From Babylonians to the Maya）

汉斯·裴杰斯（Heinz Pagels）：《宇宙密码：量子物理是自然的语言》（The Cosmic Code: Quantum Physics as the Language of Nature）

理查·道金斯（Richard Dawkins）：《盲眼钟表匠：解读生命史的奥秘》（The Blind Watchmaker: Why the Evidence of Evolution Reveals a Universe Without Design）

D.R.侯世达（Douglas R. Hofstadter）：《哥德尔、艾舍尔、巴赫：永恒的黄金编带》（Godal, Escher, Bach: An Eternal Golden Braid）

保罗·戴维斯（P.C.W. Davies）：《关于时间：爱因斯坦未完成的革命》（About Time: Einstein's Unfinished Revolution）

约翰·葛瑞宾（John Gribbin）：《国民科学须知》（Almost Everyone's Guide to Science）

贾德·M·戴蒙（Jared M. Diamond）：《枪炮、病菌与钢铁：人类社会的命运》（Guns, Germs, and Steel: The Fates of Human Societies）

《一只灵长类动物的回忆》英文版封面

詹姆斯·葛雷易克（James Gleick）：《混沌：不测风云的背后》（Chaos: Making a New Science）、《毫秒必争——全面加速的时代》（Faster: The Acceleration of Just About Everything）、《刚刚发生的事：资讯前线记事》（What Just Happened: A Chronicle from the Information Frontier）

野生动物（Wild Life）

这里是关于野生动物、人类、大自然的10部好书，这三者之间需要一种和谐共处的生存机制。

亨利·贝斯顿（Henry Beston）：《辽远的房子：住在鳕鱼角沙滩的一年》（The Outermost House：A Year of Life on the Great Beach of Cape Cod）

克瑞格·柴尔兹（Craig Childs）：《交错的道路：在野地中与动物的奇遇故事》（Crossing Paths: Uncommon Encounters with Animals in the Wild）

罗杰·卡拉斯（Roger A. Caras）：《最危险的旅程：一只非洲象的生活》（A Most Dangerous Journey：The Life of an African Elephant）

芭芭拉·高蒂（Barbara Gowdy）：《白色象骨》（The White Bone）

霍普·莱登（Hope Ryden）：《莲花池：与水獭家族相处的四年时光》（Lily Pond: Four Years with a Family of Beavers）

彼得·马修森（Peter Matthiessen）：《雪豹》（The Snow Leopard）、《雪中之虎》（Tigers in the Snow）

琳恩·雪儿（Lynn Sherr）：《爱上长颈鹿：动物界的金发美女》（Tall Blondes）

麦可·艾林（Michael Allin）：《莎拉发：跑到法国的长颈鹿》（Zarafa：A Giraffe's True Story，from Deep in Africa to the Heart of Paris）

罗伯特·萨波斯基（Robert Sapolsky）：《一只灵长类动物的回忆：一位神经科学家在狒狒群中的不平凡生活》（A Primate's Memoir：A Neuroscientist's Unconventional Life Among the Baboons）□

不爱读书的孩子的最佳书

◎ 许晓霞 陈力勤 编

现在不爱看书的孩子，不一定以后也不爱看书，可能到目前为止他还没遇到让他感兴趣的书。一般来说，适合孩子阅读的内容是非常广泛的，童话、科普、幻想、侦探故事等等，孩子们都可以尝试着阅读。书店里、图书馆收藏的经典的、优秀的作品也多得数不胜数。本书目选取了童话、成长故事、探险等7类、28种图书，主要是考虑到这些书的内容比较符合孩子对未知世界充满好奇的特点，有助于他们更快地进入书的世界中去，更容易建立起对阅读的亲近感。同时，对不爱看书的和不认字的孩子，我们建议父母为孩子大声朗读，并鼓励孩子把他喜欢的内容念给或复述给父母听，在融融的亲情中营造家庭读书的氛围，使亲子共读成为孩子童年生活的一段美好记忆。

好，就让孩子们从下面的这些图书，开始他们快乐的阅读之旅吧。

一、童话

1.《小猪唏哩呼噜》

孙幼军著，裘兆明图　春风文艺出版社2002年出版

推荐理由：《小猪唏哩呼噜》是深受小朋友们喜爱的一部书，妙趣横生的文字与灵动可爱的插图都是它的经典之处。书中讲述了可爱、善良、有正义感的小猪唏哩呼噜的一系列趣事。小猪唏哩呼噜的世界热闹而温馨，充满了童趣的诙谐，同时也向我们传达了许多生活中的知识和道理。

适合孩子年龄：三岁以上

2.《笨狼的故事》（中国幽默儿童文学创作丛书）

汤素兰　浙江少年儿童出版社1998年出版

推荐理由：笨狼是一只笨得可爱的小狼，他善良，乐于助人却总是闹笑话。整

部书语言风趣幽默，插图精致，深受小朋友们的喜爱。作品也包含了很多生活中的小知识，让你在轻松阅读的同时有所收获。

适合孩子年龄：七岁以上

3.《时代广场的蟋蟀》

（美）乔治·塞尔登著，（美）盖斯·威廉姆斯图，傅湘雯译　新蕾出版社 2006 年出版

推荐理由：一个小男孩，一只会演奏音乐的小蟋蟀和一只老鼠，一只猫，共同演绎了一段关于友情和彼此关爱的动人故事，整个故事充满真挚与温情，富有想象力，让人读后久久回味：友谊不仅存在于人类之间，还存在于人类和动物之间。

适合孩子年龄：七岁以上

4.《大盗贼》

（德）奥得弗雷德·普鲁士勒著，陈俊译　21 世纪出版社 2004 年出版

推荐理由：这是一个抓强盗的故事，但又不同于寻常的侦探小说，不仅情节精彩、风趣幽默，人物性格也各有特点。书中随处可见的奇思妙想和强烈的生活气息，更让人回味无穷。让我们带着轻松的心情走进《大盗贼》和卡斯佩尔、赛伯尔一起与大盗霍琛布鲁茨斗智斗勇吧。

适合孩子年龄：九岁以上

5.《木偶的森林》

王一梅　新蕾出版社 2005 年出版

推荐理由：作者用优美、清新的语言为我们讲述了一个浪漫的童话故事。日夜思念大森林的木偶人罗里一心要报复人类肆意砍伐的行为，是朋友们的热情和爱感动了罗里，使他回到了魂牵梦绕的故乡——大森林。故事透过关爱、奉献和友谊告诉我

们人与自然和谐相处的重要性。

适合孩子年龄：七岁以上

二、成长故事

1.《秦文君·小香咕系列》

秦文君　北京少年儿童出版社 2002 年出版

推荐理由：小香咕的故事告诉你，虽然这个世界远非想象中那样单纯完美，也常有伤心不如意，但只要你学会去爱、学会分享、学会用欣赏的目光看待身边的事，这个世界就会变得温馨和美好，你也就会拥有更多的幸福和快乐。

适合孩子年龄：九岁以上

2.《窗边的小豆豆》

（日）黑柳彻子著，赵玉皎译　南海出版公司 2003 年出版

推荐理由：这是一部发人深思的作品，不仅因其写出了人类共有的善良本性，更因其丰富的教育思想而独树一帜。小林校长对令人头疼的“顽劣”孩子个性的培养和宽容、平等、自由的教育方法，不仅让人肃然起敬，而且能让每一位阅读者获得来自于心灵的温馨和感动。

适合孩子年龄：六岁以上

3.《淘气包埃米尔》

(瑞典)阿斯特丽德·林格伦著,李之义译　中国少年儿童出版社2006年出版

推荐理由:这是一本可以一读再读的书。无忧无虑的小男孩埃米尔,老是做出很多荒唐可笑的淘气事,但他聪明活泼,勇敢善良,愿意为了帮助别人牺牲自己的一切,阅读此书的小朋友一定能从埃米尔身上找到自己的影子。

适合孩子年龄:五岁以上

4.《淘气包马小跳系列》

杨红樱　接力出版社2006年出版

推荐理由:作品诙谐幽默、充满童趣,时代特色鲜明。通过描写一群调皮孩子的快乐生活,反映了当今儿童的内心世界。故事中的开心、好奇、烦恼、困惑,都是孩子们所熟悉的或正经历的,其独特的亲和力与感染力赢得了众多小读者的认可和喜爱。

适合孩子年龄:九岁以上

5.《男生贾里》

秦文君　少年儿童出版社2006年出版

推荐理由:男生贾里是一个普普通通的中学生,可他的生活却是有声有色的。作品生动地反映了当代中学生的生活和精神面貌。在男生贾里的身上,我们不难发现自己的影子。相信书中蓬勃的青春气息和风趣幽默的语言一定会让你不忍释卷的。

适合孩子年龄:十岁以上

6.《班长下台》

桂文亚　湖北少年儿童出版社2006年出版

推荐理由:这是一部有着很高可读性的儿童叙事散文。整部作品洋溢着幽默、滑稽的氛围,读起来十分有趣。作者还采用了儿童的视角来叙述生活中的点滴,这就使小读者对这部作品的亲近感和阅读兴趣油然而生。

适合孩子年龄:九岁以上

三、幻想故事

1.《我的妈妈是精灵》

陈丹燕　少年儿童出版社2006年出版

推荐理由：这是一个精灵与人深深相爱的故事。讲述了一个小女孩在很偶然的机会发现她的妈妈是个来自另一个世界的精灵，尽管妈妈非常向往人间的生活，但最终妈妈还是要离开，飞到属于她自己的地方。一个原本悲伤的故事，读来却能让人感到爱的善良和温暖。

适合孩子年龄：七岁以上

2.《怪蛋之谜》

冰波著，刘宇图　新蕾出版社2006年出版

推荐理由：阅读《怪蛋之谜》的故事就像是一次快乐的心灵奇遇。书中的童话世界是美丽而奇妙的，充满了奇思妙想和冒险的乐趣。从天而降的怪蛋诞生了两个外星人，他们究竟会遭遇怎样的命运呢？这一切都等着你来探索……

适合孩子年龄：七岁以上

3.《哈利·波特》系列

（英）罗琳　人民文学出版社

推荐理由：本书以独特的魔幻色彩和悬念迭起的情节，讲述了少年哈利·波特在霍格沃茨魔法学校七年的学习生活故事。魔法世界的惊险曲折和主人公鲜明的个性赢得了众多读者的青睐，成为目前世界上最受欢迎的畅销书之一。

适合孩子年龄：十岁以上

四、探险故事

1.《汤姆·索亚历险记》（世界儿童文学名著插图本）

（美）马克·吐温著，成时译　人民文学出版社2006年出版

推荐理由：即使是一百多年后的今天，马克·吐温笔下那个聪明机智、调皮捣蛋的小男孩汤姆·索耶的冒险经历依然能让今天的小朋友读起来津津有味，甚至废寝忘食，让你在捧腹大笑中体验精神的愉悦和感动。这就是经典的魅力！

适合孩子年龄：九岁以上

2.《天使雕像》（国际大奖小说·典藏本）

（美）E.L.柯尼斯伯格著，郑清荣译　新蕾出版社 2006 年出版

推荐理由：书中质朴幽默的语言、充满悬疑的情节使一个原本就不寻常的“离家出走”的故事更加充满吸引力，让人有一口气就想读完的冲动，也让生活在平淡生活里的人产生对冒险的向往。相信孩子们在无限神往之余，也能获得不少乐趣和收益。

适合孩子年龄：七岁以上

3.《有老鼠牌铅笔吗？》

张之路　浙江少年儿童出版社 2006 年出版

推荐理由：十四岁的夏刚为了锻炼意志，带了一张火车票和一句“接头暗号”就只身去了陌生的青岛。与主人公一同经历这次惊险而曲折的旅行，我们仿佛也感受到了紧张和兴奋。相信聪明的你在读过本书之后可以和夏刚一样在胆量、意志和智慧上都得到一次不寻常的锻炼。

适合孩子年龄：七岁以上

五、科普

1.《可怕的科学》系列丛书

(英)迈克尔·科尔曼等著，李丽萍、屠颖等译　北京少年儿童出版社 2004 年出版

推荐理由：《可怕的科学》丛书其实并不可怕，作者用生动幽默的语言和图片来讲述科学知识，使得枯燥的科学也变得好玩了。本套丛书是学习与搞笑的奇妙组合，相信你读过之后也会不由自主地喜欢上它的！

适合孩子年龄：九岁以上

2.《巨眼丛书》

(法)瓦莱里·维多等著，郭庆岚译　北京出版社 2006 年出版

推荐理由：本套丛书最有特色的就是，它会先讲一个故事引出相关的知识，然后再辅以游戏、图画来详细讲述科学知识。这样有趣好玩的阅读形式能够让你在愉悦中获得知识，何乐而不为呢？

适合孩子年龄：七岁以上

3.《昆虫记》(美绘版)

(法)法布尔著，王光选译　中国少年儿童出版社 2006 年出版推荐理由：本书以优美的笔调，详实地记录了昆虫的习性和生活。从本书中，我们学到的不仅仅是严谨的科学知识，还有作者对于生命关爱的人文精神，这就是经典的魅力所在吧。

适合孩子年龄：六岁以上

4.《小灵通漫游未来》（典藏版）

叶永烈　少年儿童出版社 2006 年出版

推荐理由：本书描述了主人公小灵通三次漫游未来的见闻。神奇的科学幻想和有趣的故事，使得本书历经几十年依然赞声不断。书中对于未来的幻想，本身就是一种希望，它会引领我们在不断探索中快乐成长。

适合孩子年龄：八岁以上

5.《游戏中的科学》

（德）汉斯·尤尔根·普著，王泰智、沈惠珠译　海南出版社 2004 年出版

推荐理由：正如书名说的一样，本书就是教你如何用游戏来解开科学的秘密的。书中共有 400 多个小游戏，每个小游戏的后面都附有相关科学原理的解释，这样既能够激发小朋友对科学的兴趣，又能培养他们的动手能力。怎么样，一起来做游戏吧？

适合孩子年龄：六岁以上

6.《凡尔纳四大科学幻想名著》（美绘版）

（法）凡尔纳著，周文珺等译　中国少年儿童出版社 2005 年出版

推荐理由：这部丛书选取了著名的科幻作家凡尔纳最经典的四部作品，并配以美丽的插画，不但情节引人入胜，语言也生动幽默，书中洋溢的热爱科学的精神也让人读来为之鼓舞和振奋。

适合孩子年龄：九岁以上

六、绘本

1.《史记》（彩图中国古典名著）

张玉培　江苏少年儿童出版社 2002 年出版

推荐理由：本书精选了《史记》故事中最精彩的部分，让小朋友在阅读有趣故事的同时，也可以学到历史知识，了解我国悠久的文明。本书文字简单生动，并有大量的彩图，相信小朋友们一定会喜欢它的。

适合孩子年龄：三至八岁

2.《丁丁历险记》

（比）埃尔热著，（比）埃尔热图，栗原，卢晓等译　中国少年儿童出版社 2001 年出版

推荐理由：一部漫画和文字都堪称上乘的精品，每个故事都充满离奇探险和幽默诙谐，还可以让你了解很多国家的历史文化、风土人情，是知识性、趣味性、思想性和艺术性的完美统一。相信有健康乐观、自信向上的丁丁陪伴，我们的童年生活一定会更快乐哦！

适合孩子年龄：五岁以上

3.《晴天有时下猪》（5 册）

（日）矢玉四郎著；彭懿译　21 世纪出版社 2002 年出版

推荐理由：这是一个风格相当怪诞的童话故事系列，借一位小男孩的眼睛观察成年人的世界，文字很怪诞，图画也很怪诞，充满了奇异幻想和童稚谐趣，读来让人捧腹大笑，可以说它是日本儿童文学“荒诞故事”中的经典之作。

适合孩子年龄：六岁以上

七、推理故事

1.《福尔摩斯探案集》（青少版）

（英）柯南道尔著，创世卓越改编　北京少年儿童出版社 2007 年出版

推荐理由：本书是推理小说的经典之作，主人公福尔摩斯是一个充满智慧的侦探，面对扑朔迷离的案件，他总能用严谨的推理使得真相大白。故事情节曲折，扣人心弦，读来惊险刺激，引人入胜，对培养儿童的逻辑思维能力一定有帮助。

适合孩子年龄：十岁以上

苏州图书馆承办的“2007年苏州市小学生课本剧表演比赛”，具体内容是把课文中的诗文改编为舞台剧本，让孩子们参与其中的演出。学生们在道具、音乐、舞蹈等形式的配合下亲身体验角色，巩固了课本知识，拓宽了视野，锻炼了胆量。上图为孩子们在表演课本剧《九色鹿》。

2.《冒险小虎队》系列丛书

(奥)托马斯·布热齐纳著，许雪桂译　浙江少年儿童出版社2001年出版

推荐理由：加入《冒险小虎队》，与主人公碧吉、路克和帕特里克一同在书中冒险吧！精彩刺激的故事，还可以锻炼我们的观察能力和思维能力呢，当然别忘了开动你聪明的脑筋解开书中的迷题。在《冒险小虎队》里，你可以成为大侦探哦！

适合孩子年龄：九岁以上□

阅读的人生：老年人的书

◎ 高 清 刘 鑫 编

随着社会的发展，老年人的生活也愈加丰富多彩，阅读正成为老年人精神文化生活的重要组成部分。因为老年人不仅拥有丰富的人生阅历，更拥有充足的时间，因此，他们的阅读需求也变得越发多样化。此推荐书目仅起抛砖引玉的作用，希望在老年人阅读方面起到帮助作用。

1.《温迪嬷嬷讲述绘画的故事》

作者：（英）贝克特 著，李尧 译

出版社：生活·读书·新知三联书店，1999 年出版

这是一部在欧美家喻户晓的美学名著，概览早期绘画，本书将给读者带来乔托以来每一位西方大画家的创作，是传播西方绘画杰作书籍中的精品。书内共有 450 多件旷世杰作的彩图，加上娓娓道来的解说，温雅隽永，细数西方绘画发祥至今的潮流、演变与辉煌，使人领受熏陶，心旷神怡。这部佳作，不仅仅有益于青少年，而且也是老年人的良友，是一部怡情达礼的优秀读物。

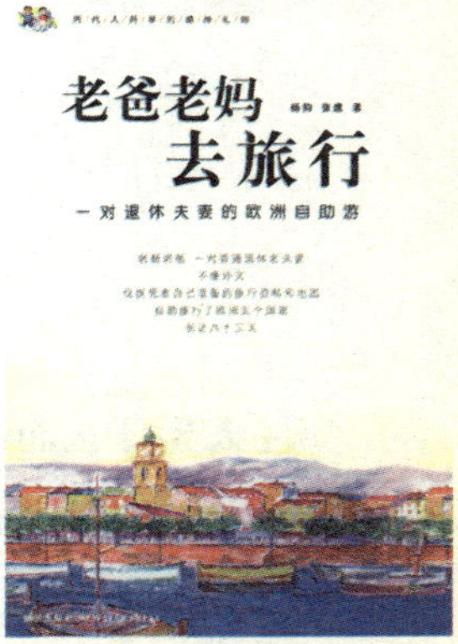

2.《中老年旅游圣经》

作者：韩天雪等

出版社：中国旅游出版社，2007 年出版

和活力无限、充满体力和探险精神的青年人相比，中老年人有着让人羡慕的自由时间。本书是以中老年人为特定读者，为中

老年人量身定做的旅游书。书中为所有中老年人选择适合这一年龄段旅游者的八条经典自助旅游路线,既有诗情画意的自然风光,又有革命时期的美丽回忆,更有闲庭信步的自由自在。书中突出景点的文化历史内涵,在行程安排和资讯上也充分考虑中老年人的需求。因此,这样的旅游方式更加适合中老年人。

3.《老爸老妈去旅游》

作者:杨钧、张鹰

出版社:新星出版社,2006 年出版

这本书是一对上海退休夫妇老张、老杨笔下的旅游人文读本。他们用自助游的方式,仅凭着喜爱和勇气,便随身携带着地图等基本旅游装备,在不会外语和没有任何人陪护的情况下游历于欧洲五国共计 83 天,其间的甘苦与有趣经历在书中一一呈现。朴实平和的行走随笔亲切生动,加之书中大量的钢笔素描和摄影照片,更给人留下难以忘怀的印象。因此,此书是所有热爱旅游和热爱生活的老年人的快乐读本。

4.《中老年上网》

作者:杨正华

出版社:科海电子出版社,2003 年出版

特别针对中老年读者的一册内容丰富实用的网络藏宝图,共分为 5 篇,包括医疗保健、文化艺术、休闲娱乐、历史怀旧、综合服务。对于这些网站,本书不是只给出简单的网址,而是抓住网站的特色,给予实用的点评,详细介绍网站的精彩栏目以及使用方法。在本书所附的多媒体光盘中,详细讲述了互联网的基础知识,一步一步详细演示了家庭联网的方法,并介绍了电子邮件的使用,讲述了在互联网上进行搜索查询的技巧,还介绍了病毒和防病毒的基本知识和实用的注意事项,并给出了上网经验,技巧方面的大量实用建议。

5.《人为什么而活》

作者:托尔斯泰(Leo Graf Tolstoy) 著,许海燕 编译

出版社:志文出版社(台湾),1994 年出版

托尔斯泰是俄国小说家、宗教家、人道主义者。本书不采用教条的箴言而是通过朴实的手法，传达人与人之间的爱、信仰和希望。在这本书中，作者将生活上所听过的故事，以及给作者的感受写下来，从这本书中，读者可以真切地感受到作者炽热的人道光芒和圣者的胸怀，是一本相当不错的好书。

6.《周易今注今译》

作者：南怀瑾、徐芹庭 注译

出版社：天津古籍出版社，1987年出版

《易经》，中国最古老的典籍之一，历代正统派的学者，用许多不同的文字赞扬它，大致说来，推崇它为“群经之首”，致以无上的敬意。但我们得承认，这是一本难读而深邃的书。也许当我们年老时，才能更好地领悟它。我们推荐的这个版本用白话文注释和翻译《周易》，方便我们阅读和理解《周易》。

7.《颠覆年龄：活得老又活得好》

作者：邱天助

出版社：张老师文化（台湾），1997年出版

本书所呈现的是一种新生命观念，告诉我们年龄不是宿命，为自己预约一个快乐的新老年！本书与你分享“老”的乐趣，告诉你活得老也能活得好，退休犹如生命的再生，通过事先的规划，即可期待一个崭新的老年生涯。如果你买不到这本书，可到图书馆的港台阅览室查询此书。

8.《老人与海》

作者：（美）欧涅斯·海明威（Ernest Hemingway）著，吴劳 译

出版社：上海译文出版社，2006年出版

海明威于1954年获得诺贝尔文学奖，《老人与海》就是他的获奖作品。本书是根据一位古巴的渔夫老人的真实经历创作的，以叙事写实的手法记录了主人公圣地亚哥老人捕鱼的全过程，塑造了一个在重压之下仍旧能保持优雅风度，在精神上永远无法战胜的坚强老人形象。对于《老人与海》这本被译成几十种文字的作品，海明威自己认为“是这一辈子所能写得最好的一部作品”。

读报的老人

苏州图书馆提供

9.《老年生活的软着陆》

作者：日本东京都老人综合研究所 著，彭俐俐 译

出版社：中国人口出版社，1998年出版

书中全面介绍了中老年在日常生活中比较常见的保健和防病问题，从社会学和心理学的角度来考察这些事情，结合老年人身体的实际情况，细致入微地对老年人及身边的人应如何应对这些情况提出了建议。本书涉及老年人的生理、心理及生活各方面的变化情况，以及生活中的常见病，如：脑的变化，高血压，糖尿病，白内障，失禁，骨质疏松及肿瘤等。本书语言通俗易懂，图文并茂，与那些照搬医学教科书的同类书相比，更加妙趣横生，被中国老年保健协会选入老年人的推荐书目。

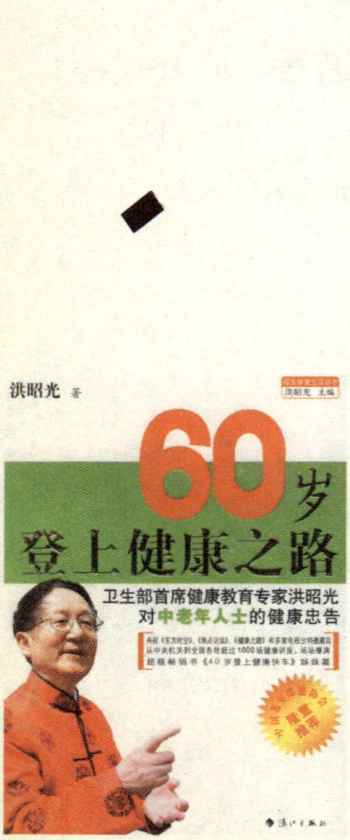

10.《60岁登上健康之路》

作者：洪昭光

出版社：漓江出版社，2006年出版

本书是作者健康教育的力作，也是作者数十年来对健康生活的经验总结。该书从老年人的健康观念到他们的健康生活方式，从健康生活细节到老年人各种常见疾病的预防，为中老年朋

友设计出一整套切实可行的健康生活方案，形式轻松活泼，内容通俗易懂，易于老年人掌握。作者认为，健康由四大因素决定：父母遗传、环境、医疗技术和个人生活方式，其中个人生活方式占六成。也就是说在健康生活中个人生活方式是最为重要的，健康的钥匙掌握在自己手中。60 岁是人生的新起点，中老年人要想老有所为、享受生活，必须更新健康观念，关爱自己、教育自己、解放自己，努力践行健康生活方式。

11.《毛泽东传》

作者：（美）罗斯·特里尔 著；胡为雄，郑玉臣 译

出版社：中国人民大学出版社 2006 年最新版全译本

本书作者罗斯·特里尔是美国哈佛大学政治学与国际事务教授，东亚研究中心研究员，著名的毛泽东、中国政治和当代问题研究专家。这本《毛泽东传》已成为西方数百种毛泽东传中的经典之作，以 8 种文字在不同国家出版。作者以叙述为主的传记手法，把毛泽东丰富的情感和具有挑战性的理论创造融为一体；书中大量的精美珍贵的图片，全方位地展现了中国革命的壮观图景，把历史用真切的形象展现在读者面前。

阅读的人生

12.《**菜根谈**》(**中国古典名著全译典藏图文本**)

作者：(明)洪应明 著;李金秋 译注;李娜 配画

出版社：中国社会科学出版社,2007年出版

《菜根谈》亦作《菜根谭》,是一部修身养性的智能奇书,也是概括中国人为人处世策略的经典之作,更是一本教人如何生活而不仅仅是生存的生活读本。本书让我们认清存在于生命中的真正重要的东西，也明确了我们真正需要的东西究竟是什么,更加使我们不会为了虚名浮利而浪费宝贵的生命。

13.《**我的人生哲学**》

作者：王蒙

出版社：人民文学出版社,2003年出版

严格说来,作者不是用笔而是用生命、用思辨、用心血在写这本书,一写就是4年,足见其态度之严谨之认真。更为可贵的是,作者虽然已是著名作家,又有着诸多头衔，但他并不靠这些来吓唬人，而是以平等的乃至天真的心态在与读者倾心交流,在娓娓而谈中尽管有时也不失往日的激情、激动、激愤。一切以生存为基点,以生活为背景,以哲学为武器,用科学与灵动的方法来剖析人生,解析许多人一生中都会遇到的一些问题。因此称其为“人生哲学”是当之无愧的。

14.《**普京大传**》

作者：丁志可

出版社：中国档案出版社,2006年出版

“独立自主”是全世界的通用词,当普京执掌俄罗斯后,他把这四个字深深地记在心里。他上台后断然采取了一系列措施,加强中央集权：加强总统的垂直领导,使财阀与国家权力机构彻底脱离,使国家机构和商业机构分开,向各地区派出总统的全权代表等。另外,普京还在意识形态上下工夫,极力倡导俄罗斯传统的爱国主义——强国意识和强国目标。自他执政以来,俄罗斯的社会政治经济形势发生了显著的变化：政局由乱到治;经济持续上升,人民生活明显改善;社会秩序趋向稳定。

15.《翰墨良缘:中老年学书画》

作者：金容 编著

出版社：上海社会科学院出版社,2001 年出版

“书法能益寿”,“活到老、学到老”,这是许多长寿老人共同的体会。在平静的生活里,最适合老年人学习养身的莫过于书画／书法。书画能给人以静、美、动等形式的三者结合，自然就达到了延年益寿的目的。本书属于中老年人学习书画的指导性图书。

16.《正说鲁迅》

作者：孔庆东

出版社：中国海关出版社,2007 年 2 月出版

作者是北京大学中文系副教授,在研究鲁迅文学方面颇具个人心得。在作者看来,鲁迅就像是隐世修炼的得道高僧,在世事无为的情况下寂寞度日,空有一身绝学,却不能抵挡人世的呼唤,更不能放弃自己的道德责任,于是他毅然踏入情形险恶的江湖,尽管最终仍寂寞生活,但却给现代的中国人民留下了不朽的传奇,鲁迅的生命也在这中间得到了淋漓尽致的释放：“乐则大笑,悲则大叫,愤则大骂。”鲁迅是这么一个率性至情的人,用作者话来说：“鲁迅不是冷冰冰的一个简单的文化斗士,而是这么有人情味的一个人。”

17.《老年人炒股入门》(现代老年人丛书)

作者：周跃年 主编

出版社：江苏人民出版社,2002 年出版

本书根据国内外股市的基本情况,尤其是我国证券市场十年的发展历程编写,分别从老年人炒股的心理准备、入市须知、申购新股与炒作新股、分红派息、基本分析、技术分析 K 线理论、常用技术分析指标、实用操作技巧、识别和规避风险、树立良好的投资心态等十个方面介绍了老年人炒股的基本知识和诀窍。内容全面,通俗易懂,融知识性及实用性为一体,可供广大老年朋友阅读、学习、参考。

18.《门球十日通：入门绝招》（现代生活方式入门丛书）

作者：刘淑芳 编著

出版社：京华出版社，2005 年出版

门球运动是一项深受广大老年朋友欢迎的体育项目，趣味性很强，还能够陶冶性情、增强体质，比较适合老年人开展。本书全面系统地讲解了门球运动的基本知识，基本技术和基本战术，通过简洁的语言和图解由浅入深地讲解，通俗易懂。如果读者能够认真按照本书介绍的方法进行学习与实践，只需通过短期的训练，便可达到一定的水平。

19.《世界历史秘闻轶事》（上下册）

作者：张壮年，张颖震 编著

出版社：山东画报出版社，2004 年出版

本书以时间顺序为线索，从释疑解谜和查漏补缺的角度，采用图文并茂的形式，用质朴生动的语言，为读者展示了世界从人类远祖到现代社会的历史。本书内容丰富广博，图片罕见珍贵，是融史料性、知识性、趣味性于一体的世界历史普及读本，是世界历史教科书的具体化和形象化，更是正史的延伸和补充。本书视角独特、妙趣横生，是老年人的有趣读本，老年人既可以把此书作为茶余饭后的消闲读物，也可以作为历史资料来收藏和研究。

20.《老照片》丛书

作者：山东画报出版社 编

出版社：山东画报出版社，1996 年起出版

本丛书自从 1996 年底问世，即风靡全国。它以展示和解读历史照片为主要内容，刊出珍贵的历史照片四千多幅，绝大多数为首次公开发表，再配以文字，讲解照片背后的故事和历史，亲切动人。一张张老照片，直面历史的丑与美、恶与善，为重温 20 世纪中国人的生存状态，提供了直观且形象的宝贵资料。□

连环画最佳书

◎ 张岚 编

中华人民共和国成立后，连环画的发展大致可分为4个阶段：①1949—1956年，为了取代反动、荒诞、淫秽的旧式连环画，政府把发展新连环画作为一项紧迫任务。到1956年全国累计出版新连环画1万余种，总印数2.6亿册，规模空前。②1957—1965年，是新连环画迅猛发展的阶段。一批优秀作品相继问世，长篇连环画如《水浒》、《三国演义》、《岳飞传》等也相继出版。文化部与中国美术家协会于1963年举办了第一届全国连环画创作评奖。③1966—1976年"文化大革命"期间，连环画无例外地受到了浩劫。④1976年10月以后，连环画获得新生。

连环画《三国演义》

由文化部和中国美术家协会共同主办的全国美术作品展览，是国家级的综合性大展，每五年举办一次。第十届全国美术作品展览于2004年举办。连环画在各届全国美术作品展览中获得了各种奖项。

我们从这些获奖作品中选出部分已出版的连环画作品，推荐给大家。

1.《西游记》

顾宝新绘　译林出版社 2006 年

这套连环画共 4 册，已出版两册，分别为《天降悟空》和《唐僧师徒》。

2.《盛京演义》

宋雨桂、杨仁恺、王弘力、郭德福绘　辽宁美术出版社 2004 年

此书以诗、书、画、文合璧的艺术形式，展示了沈阳棋盘山、故宫等处的历史故事以及风土人情。

3.《花季·雨季》

王时绘　海天出版社 1998 年

此书是一部反映特区生活的小说，作品最突出的特点是表现了新时代正在茁壮成长的青少年形象。

4.《第九届全国美术作品展览获奖作品集》

中华人民共和国文化部等编　人民美术出版社 1999 年

本书共收录第九届全国美术作品展览各类获奖作品 588 件，其中金奖 19 件，银奖 72 件，铜奖 192 件，优秀奖 305 件，再加上部分评委作品共计 600 余件。虽然连环画只是其中的一部分，但是通过这本书，读者可以对本届获奖连环画作品有一个全面的了解。

5.《男人的海》

杨在溪、付林、吕醉陶绘　中国连环画出版社 1997 年

这是一部由 59 幅图组成的彩色连环画，作品以饱满的激情歌颂了北京军区给水工程团“模范团长”李国安的英雄事迹。

6.《小二黑结婚》

贺友直绘　上海人民美术出版社 2007 年

赵树理的小说《小二黑结婚》塑造了两代农民的典型。老一代有深受封建思想

毒害尚未觉醒的二诸葛、三仙姑，新一代是憧憬新生活，追求爱情自由的小二黑与小芹。通过新旧两代人在“结婚”这一焦点问题上所产生的矛盾，来表现农村思想的变化，社会的变动和历史的变迁。这部现代文学名著经贺友直的连环画演绎，更加有趣。

7.《超越自我——围棋大师陈祖德的故事》

史殿生绘　东方出版社 1999 年

此书描写的是围棋大师陈祖德一生奋斗的故事。

8.《王亦秋连环画精品集》

王亦秋　学林出版社 2006 年

王亦秋因连环画作品《康熙》在第九届全国美术作品展览上获奖。这部作品集收录了作者的获奖作品《康熙》。

9.《哭长城》

薛志华　福建少年儿童出版社 1991 年

此书改编自古典爱情故事孟姜女哭长城。

10.《老鼠偷眼镜》

张蔚昕绘　少年儿童出版社 1999 年

“拼音动物小故事”丛书中的一本。

11.《平凡的世界》

李志武绘　人民美术出版社 2002 年

根据路遥的小说《平凡的世界》绘制。

12.《三国演义大迷宫》

刘学伦等绘　四川少年儿童出版社 1999 年

小朋友们可以把这本画册当作重温《三国演义》故事来读，也可以当做娱乐游

戏来玩。与看一般的文字或图画书不一样，跟着独辫儿游《三国演义大迷宫》，无论她藏在哪里，你们都得主动找她，还得找到她的小伙伴熊猫、小猫咪等，发挥你们的观察力、判断力和想象力；在每一页精彩的大幅画面中寻找故事，你们还可以同家长一起编故事，既好看又好玩，还可以增长知识呢！

附：第十届全国美术作品展览获奖作品名单（2004 年）

银奖：连环画作品	
《美人鱼与红蜡烛》	季红跃　丁羽中（安徽）
《秦淮世家》	胡博综　胡芃（江苏）
《西游记》	顾宝新（江苏）
《盛京演义》	宋雨桂 杨仁恺 王弘力 郭德福（辽宁）
铜奖：连环画作品	
《梦呓》	袁江（湖南）
《王若飞》	谌宏微（贵州）
《东方迷梦》	卢波 李静婷（江苏）
《天地震风尘》	黄向群　姚震宇（江苏）
漫画作品	
《卡通时代》	司徒灯、司徒宁（江苏）
《教学相长》	叶霆（江苏）
《人不可貌相》	王俊才（内蒙古）
优秀奖：连环画作品	
《汉子》	廖正华（湖南）
《妙笔生花》	周伟钊（湖南）
《另一种空间》	曾辉（湖南）
《花季·雨季》	王时（广东）
《格萨尔王传·天界篇》	廖新松（四川）
《年的传说》	孔昭平　徐延春（吉林）
《西游记》	辛勤（辽宁）
《达·芬奇画蛋》	张广茂（辽宁）
《林海雪原》	黄洪涛（辽宁）
《二桃杀三士》（12 幅）	钟潇（陕西）
《银灰色的草原》	于云涛　尤山（新疆兵团）
《童眸》	卢冰（山东）
《阿坝情怀》	王增延（河北）
《雁魂》	陈建新　陈继荣（河北）
《天桥　风筝》	张平静（江苏）

附：第九届全国美术作品展览获奖作品名单（1999 年）

银奖（4 部）：	
《男人的海》	杨在溪　付林　吕醉陶（北京军区）
《小二黑结婚》	贺友直（上海）
《战友——中国记者在贝尔格莱德》	赵健 蔡海威 林琳 刘新强 卜绍基（广东）
《夕阳落在山那边》	黄洪涛（辽宁）
铜奖、优秀奖及部分评委作品：（略）	

十本最佳自然读物

◎ 郭腊梅　辑录

2006年11月,中国首届报纸阅读文化圆桌会议举办“自然论坛”,本次论坛由《天涯》杂志社、中国民间环保组织“自然之友”、《深圳商报》主办。论坛公布了由《天涯》杂志社、《深圳商报》和“自然之友”等联合推出的“十大自然读物”推荐书目。

提到自然读物,中国人对这个概念还有点陌生。“其实在国外,自然读物是一个主流,既是发行量最大的也是阅读率最高的一个图书品种,但在国内,自然写作还在起步阶段”。《天涯》主编李少君如此说。什么是自然读物?这首先要从什么是自然生活说起。李少君认为,一种环保、健康、积极、与自然和谐共存的生活就是自然生活,而提倡、推广这种生活方式和理念的图书就是自然读物。这十本书是在广泛征求意见的基础上产生的,首先由专家推荐,最后由编辑部结合专家意见筛选决定,分国外和国内两部分。在选择过程中,遇到的最大问题是国外太多,而国内太少,因此,这次推荐的书目,外国部分以经典为主,而中国部分则侧重自然生活与实践的著作。

1.《瓦尔登湖》

作者:(美)梭罗

出版社:上海译文出版社

“这一刻,放松心情,洗去铅华,找一片蓝天,寻一片绿荫,掬一汪山泉,听一声鸟鸣……”这是19世纪美国著名作家梭罗的一部文学名作《瓦尔登湖》所描写的。这是一本清新、健康、引人向上的书,作者在大自然里进进出出,成了自然的一部分,它向世人揭示了在回归自然的生活实验中所发现的人生真谛——如果一个人能满足于基本的生活所需,其实便可以更从容、更充实地享受人生。作品描述了田园生活的乐趣和大自然的迷人景物,充满了睿智的哲理性思辨,文笔流畅生动,发人深思,读来令人心悦诚服。

2.《寂静的春天》

作者：(美)蕾切尔·卡逊

出版社：吉林人民出版社

美国海洋生物学家蕾切尔·卡逊经过4年时间，调查了使用化学杀虫剂对环境造成的危害后，于1962年出版了《寂静的春天》一书。在这本书中，卡逊阐述了农药对环境的污染，用生态学的原理分析了这些化学杀虫剂对人类赖以生存的生态系统带来的危害，指出人类用自己制造的毒药来提高农业产量，无异于饮鸩止渴，人类应该走“另外的路”。《寂静的春天》是一部划时代的绿色经典著作，是人类生态意识觉醒的标志。

3.《动物解放》

作者：(英)彼得·辛格

出版社：光明日报出版社

有多少人一边宣扬着物种平等，另一边却抱怨餐桌上的动物肉不够多？有多少人在吃火腿时，想过被制作成火腿的小猪，它的一生遭受了多少痛苦？当你使用清洁剂、化妆品时，是否注意到这些产品的诞生是拿无数小兔子的眼睛做试验的？这本被称作动物保护运动的圣经的书籍，将为你揭开层层面纱，带你游历农场，看看小肉牛是如何在75厘米宽的牛栏中度过悲惨的一生；带你看看猿类平台实验、小猎兔犬毒气实验……；人类在根深蒂固的物种歧视观下，对于动物的残暴行径，各种动物（食用、药用、实验用等）由生到死悲惨的一生，揭示动物所遭受的不为人知的痛苦和不人道的待遇。

本书已有了德、意、西、荷、法、日文种的译本，由于其促使读者严肃地思考我们应当如何对待非人动物的问题，本书引起了很多人的关注。本书呼吁，为了拯救不堪重负的地球，为了使人类和动物和睦相处，人们应该尊重其他生命形式，真正做到动物解放！

4.《小的就是美的》

作者：(德)E.F.舒马赫

出版社：商务印书馆

自德国大众公司推出甲壳虫汽车，采用“小的就是美的”广告词后，这句话就成为永恒经典的广告语载入史册。这本书带领你从一个全新的视角理解经济生活中“小的就是美的”哲学。第一次在学术界提出小企业是最具有经济活力的一部分，是一国经济不可或缺的重要组成部分，并提出要进行大众生产而不是大量生产的观念。

本书还展示了现代社会片面强调经济发展所导致的道德缺失、心灵和精神的空虚、环境恶化和资源枯竭等问题。为解决种种弊端，作者提出了一个新观念——佛教经济学，即：使人获得利用和发展才能的机会；使人通过与其他人共同参加一项任务克服自私自利；生产恰当生存所必需的商品与劳务。

5.《沙乡年鉴》

作者：(美)利奥波德

出版社：吉林人民出版社

这是一本与19世纪最著名的美国自然主义经典作品——梭罗的《瓦尔登湖》齐名的自然随笔和哲学论文集，被誉为土地伦理学的开山之作。本书一开始是对一个荒弃了的沙乡农场上一年12个月不同景象的系列追述，利奥波德和他的一家人曾在这个农场里亲手进行着恢复生态完整性的探索；接下来，进一步就资源保护主义方面的问题陈述了利奥波德在美国其他地方的某些经历；最后则以几篇有关人与环境的关系、美学和伦理学思考的文章结束全书。书中体现了作者对自然界中各种生命之间彼此折射辉映的体悟。该书累计销售已达600万册，被誉为“绿色圣经”。

6.《为无告的大自然》

作者：梁从诫、梁晓燕

出版社：百花文艺出版社

你爱看动物世界吗？你了解藏羚羊吗？你是否听说过索南达杰？你是否知道有一个叫“自然之友”的组织正在倡导着绿色文明，传播绿色意识？

你是否想知道环保人士眼中的大自然，是否想了解那曾经发生的和正在经历的故事？如果答案是肯定的，那么请随着这本“自然之友”的文集，一起走入那片神秘的领域……

7.《山南水北》

作者：韩少功

出版社：作家出版社

隐居乡村七年，著名作家韩少功给我们带来了一部记录山野自然与民间底层的心灵报告——《山南水北》。这部跨文体长卷散文,记录了作者对山野自然和民间底层的深入考察,他生活的一点一滴、他的邻居朋友、他家的小狗小猫和小花小草,娓娓道来,如数家珍,一一真实地介绍给你。其中生动的人物、神奇的经历、历史真相的揭示、直指人心的追问,构成了作品独特的风格。

该书的最大特点是语言精练,图文并茂,全书99篇,一篇就是一个小故事。在这一个个小故事中,作者远离城市的喧嚣,挖掘对往事的回忆,描绘了乡村的真实画卷,写出很多乡土气息很浓的作品。把农民的纯朴、刚毅、执着和热情,用极简练的语言,描绘得惟妙惟肖,很值得那些深处高楼大厦之中的城市人阅读一番。更加难能可贵的是,这还是一本对生活与文化不断提出问题的作品。作者力图将那山、那水、那人嵌入新的中国认同的形成过程中去,在关心思想意识主流的同时,作者对城市现代文明的扩张充满警惕,他对城乡差距的思考,对中国国情的认识,为读者在对故事忍俊不禁的同时认识自我提供了有益的借鉴。

8.《亲历可可西里10年——志愿者讲述》

作者：杨欣等志愿者

出版社：三联书店

这是一本完全由来自可可西里的民间环保志愿者完成的图书，它不仅用文字记录了可可西里10年来的变化和志愿者的亲身经历及所见所闻,同时,通过这本书的义卖筹款,民间组织“绿色江河”将在长江上游建立中国民间第二个自然保护站。这本书除了让更多人了解可可西里发生的事情之外,或许还能驱除一些人性中的贪婪与邪恶,唤醒人们对自然的敬畏之心。

9.《绿色生活手记》(修订版)

作者：莽萍

出版社：中国政法大学出版社

这是莽萍主编的一套“护生文丛”中唯一的一本中文著述。对读者而言也是最易读的一本书。本书围绕着环境保护这个主题,作者通过一篇篇独立的手记,提出

“自然赋予人类一种特殊的责任，那就是善意地对待自然，细心地看顾自然，尽力保护这个世界的丰富与完整”。

尽管是一本宣传环保的书，作者却不是以环境问题专家或动物保护专家的身份来著述大量枯燥理论的。相反，她用的是推己及物的情怀和女性特有的细腻情感，通过一个个生动的发生在我们身边的故事，描述了动物的苦难：在动物园，动物们在游人骚扰下的疲惫不堪；在养殖场，将被宰杀的猪牛的恐惧、被强迫灌水直到内脏胀裂的疼痛……不仅如此，作者还通过一个个惨痛的事实向我们揭示了环境的日益恶化：母亲河的断流，热带雨林的急剧消失……全书基调亲切又有说服力，语言既不华丽也不宏伟，清丽平淡，行文自然流畅。面对着动物保护、环境保护这样一个沉重的话题，阅读这本书定会给您带来一些深刻的思考。正如作者所说，既然我们身边的动物的生存状况依旧，甚至有恶化的趋势，就需要有更多的声音来为这“沉默的一群”说话。这也是作者再版此书的原因。

10.《中国观鸟指南》

作者：韩联宪、杨亚非

出版社：云南教育出版社

韩联宪为国内知名动物学家、科普作家、西南林学院教授。本书凝聚了作者多年观察、拍摄和研究鸟类的资料与体验，给国内日益增多的广大爱鸟、观鸟者提供了一本较完整的实用手册。书中观照的地域广，鸟类众多，有关识别、接近、观察、记录、拍摄的技术方法也写得简明、具体，不常观鸟的也能从中学到许多有趣的知识。□

凌鼎年推荐阅读的微型小说集子

凌鼎年，中国作家协会会员、世界华文微型小说研究会秘书长、中国微型小说学会副秘书长、藏书家。

微型小说这种篇幅短小、结局令人意外的小故事，不正是忙碌的现代人阅读的最好选择吗？2007年凌鼎年向我们推荐的这个书单也许开启了您阅读的新空间。

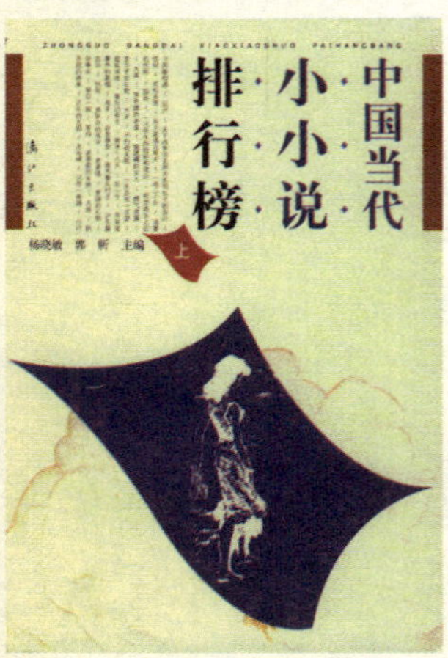

1. **《一分钟小说选》**

   作者：（日本）星新一 著，陈真 等译

   出版社：春风文艺出版社，1983年10月出版

2. **《中外微型小说鉴赏辞典》**

   作者：张光勤、王洪 编

   出版社：北京社会科学文献，1990年出版

3. **《中国古代微型小说鉴赏辞典》**

   作者：乐牛 主编

   出版社：中国妇女出版社，1991年6月出版

4. **《中外微型小说精品鉴赏评典》**

   作者：凌焕新 主编

   出版社：江苏文艺出版社，1991年6月出版

5.《小小说百家代表作》

作者：王保民 主编

出版社：河南人民出版社，1992 年 3 月出版

6.《世界华文微型小说大成》

作者：江曾培 主编

出版社：上海文艺出版社，1992 年 5 月出版

7.《春兰·世界华文微型小说大赛获奖作品集》

作者：中国微型小说学会 编

出版社：上海文艺出版社，1994 年 12 月出版

8.《诺贝尔文学奖获奖作家袖珍小说精品》

作者：林如求 编选

出版社：甘肃人民出版社，1995 年 2 月出版

9.《世界华文微型小说名家名作丛编》（中国卷）

江曾培 主编

《世界华文微型小说名家名作丛编》（中国台港澳卷）

隐地、刘以鬯 主编

《世界华文微型小说名家名作丛编》（新马泰卷）

黄孟文、孟沙、司马攻 主编

《世界华文微型小说名家名作丛编》（欧美卷）

王渝 主编

出版社：上海文艺出版社 1996 年 6 月版

10.**《想象的翅膀——微型小说猜读续写》**

作者：曹清富、钱光、董玉敏 编

出版社：湖南师范大学出版社，1999 年 7 月出版

11.**《微型小说三百篇——〈微型小说选刊〉精华本》**

作者：李春林、郑允钦 主编，吴金 选评

出版社：百花洲文艺出版社，1999 年 9 月出版

12.**《外国微型小说 300 篇》**

作者：郑允钦 主编，吴顺之、余致力 选编

出版社：百花洲文艺出版社，2001 年 1 月出版

13.**《世界微型小说经典》（中国卷、亚洲卷、欧洲卷、美洲卷）**

作者：云清 选编

出版社：百花洲文艺出版社，2001 年 9 月出版

14.**《世界华文微型小说双年选》**

作者：凌鼎年、胡永其 特约编辑

出版社：上海文艺出版社，2002 年 4 月出版

15.**《中国当代小小说排行榜》（上下）**

作者：杨晓敏、郭昕 主编

出版社：漓江出版社，2003年5月出版

16.《中国当代幽默微型小说选》

作者：凌鼎年 主编

出版社：上海人民出版社，2002年8月出版

17.《中国武侠微型小说选》

作者：凌鼎年 主编

出版社：上海人民出版社，2003年5月出版

18.《中国推理侦探微型小说选》

作者：凌鼎年 主编

出版社：上海人民出版社，2004年7月出版

19.《中国精短小说名家经典》

作者：刘公 主编

出版社：中国广播电视出版社，2004年2月出版

20.《中国新时期微型小说经典》

作者：郑允钦 主编，吴金 编选

出版社：长江文艺出版社，2004年3月出版

21.《首届中国小小说金麻雀奖获奖作品集》（上下）

作者：百花园杂志社 选编

出版社：漓江出版社，2004年5月出版

22.《微型小说鉴赏辞典》

作者：江曾培 主编

出版社：上海辞书出版社，2006年4月出版□

深度报道

把书借回家：图书馆借阅最多的50种图书

推荐书目的过去、现在与未来

把书借回家：图书馆借阅最多的50种图书 *

◎ 林 芳

从图书馆借书回家阅读，你会借哪些图书呢？对8个公共图书馆2006年图书外借数据的统计[①]表明，把书借回家，小说类图书最受读者青睐，《北京日记：革命的一年》成了借阅量TOP 50中唯一上榜的非小说类图书。网络书店的销量综合榜单则不像图书馆这样一边倒，而是呈现出三足鼎立的局势：文史类、生活类和经管励志类图书三分天下，与个体自身健康、生活品质和能力提高有关的书籍，或许读者更倾向于拥有，而不是从图书馆中借阅。

寻觅 / 苏州图书馆提供

在公共图书馆图书借阅排行榜前50种图书中，武侠小说占了30%，而单单是金庸的作品就占了20%，卫斯理的作品占12%，《诛仙》系列小说共占10%，武侠、四幻（科幻、奇幻、魔幻、玄幻）、悬疑、情感类小说成为外借的主体。在实体书店和网上书店热卖的《莲花》、《狼图腾》、《兄弟》、《碧奴》、《骗局》、《输赢》、《追风筝的人》等小说，虽然图书馆也有所收藏，但在2006年尚未登上公共图书馆借阅前50名的榜单。丹·布朗的《达·芬奇密码》可谓炙手可热，在图书馆、实体书店和网上书店的排行榜中三榜连中。

8个公共图书馆图书借阅量排行榜（综合排名前50名）：

1. 鹿鼎记 / 金庸著

* 本文在写作过程中得到了苏州图书馆的大力协助，特此感谢！

①这8个图书馆是：苏州图书馆、首都图书馆、上海图书馆、广州图书馆、深圳图书馆、东莞图书馆、哈尔滨图书馆、天津图书馆。排名按借阅量排序。感谢这8个图书馆提供了借阅数据。

2. 哈利·波特与凤凰社 /（英）J.K.罗琳著
3. 碧血剑 / 金庸著
4. 书剑恩仇录 / 金庸著
5. 流浪歌手的情人 / 周嘉宁著
6. 疼痛 / 熊正良著
7. 北京日记：革命的一年 /（美）德克·博迪著
8. 笑傲江湖 / 金庸著
9. 哈利·波特与“混血王子” /（英）J.K.罗琳著
10. 连城诀 / 金庸著
11. 倚天屠龙记 / 金庸著
12. 神雕侠侣 / 金庸著
13. 天龙八部 / 金庸著
14. 诛仙 4 / 萧鼎著
15. 诛仙 3 / 萧鼎著
16. 邪风曲·卷二 / 血红著
17. 诛仙 2 / 萧鼎著
18. 挪威的森林 /（日）村上春树著
19. 驭兽斋 4：异兽虚空 / 雨魔著
20. 三国演义 /（明）罗贯中著
21. 射雕英雄传 / 金庸著
22. 七种武器 / 古龙著
23. 飘花令 / 卧龙生著
24. 坏男孩与我的罗曼史 /（韩）池秀贤著
25. 钻石花丛林之神 / 卫斯理著
26. 诛仙 1 / 萧鼎著
27. 四世一生的心魔 / 盛棠著
28. 地底奇人卫斯理与白素 / 卫斯理著
29. 荒村公寓 / 蔡骏著
30. 狂侠天娇魔女 / 梁羽生著

31. 惊虹一剑震江湖 / 卧龙生著
32. 红楼梦 / 曹雪芹著
33. 达·芬奇密码 / (美)丹·布朗著
34. 诛仙 5 / 萧鼎著
35. 基度山伯爵 / (法)大仲马著
36. 我们都是丑小鸭 / 张小娴著
37. 幸运魔剑士 1 / 云天空著
38. 长恨歌 / 王安忆著
39. 刻骨的爱人 / 张小娴著
40. 寒梅映雪别样红 / 席绢著
41. 奇门狐变 / 卫斯理著
42. 天使的诡计 / 郑媛著
43. 飘 / (美)玛格丽特·米切尔著
44. 透明光真空密室之谜 / 卫斯理著
45. 妖火真菌之毁灭 / 卫斯理著
46. 聂小无 / 张慧著
47. 侠客行 / 金庸著
48. 古声第二种人 / 卫斯理著
49. 城堡没公主 / 席娟著
50. 海边的卡夫卡 / 日)村上春树著

虽说图书热借排行榜由小说类图书独领风骚，其他类别的图书借阅量少之又少，但就主题而言，非小说类图书的借阅趋势与网络书店和实体书店的销售趋势却相去不远。尽管市面上卖得热火朝天的《品三国》(上)、《人体使用手册》、《你在为谁工作》在图书馆热借排行榜上了无踪影，不可否认的是，买也好，借也罢，经管励志类、动漫、历史、传记类图书都拥有数量可观的用户群。

8 个公共图书馆非小说类图书借阅量排行榜(前 50 名)：

1. 北京日记：革命的一年 / (美)德克·博迪著
2. 假如给我三天光明 / (美)海伦·凯勒著
3. 林彪的这一生 / 少华，游胡著

柏林图书馆出纳台

邱冠华摄

4. 富爸爸，穷爸爸 / （美）罗伯特·T·清崎等著

5. 羊皮卷 / （美）奥格·曼狄诺汇编

6. 一个真实的邓丽君 / 思君编

7. 细节决定成败 / 汪中求著

8. 正说宋朝十八帝 / 游彪著

9. 关于上班这件事 / 朱德庸著

10. 乌龙院·第肆卷：迷途菜鸟 / 敖幼祥编绘

11. MBA 自学通 / 庄涛，雷伟编著

金庸小说《鹿鼎记》列图书馆借阅量第一名。

12. 富爸爸投资指南／（美）罗伯特·T·清崎，（美）莎伦·L·莱希特著

13. 乌龙院·第壹卷：狂师猛徒／敖幼祥编绘

14. 水煮三国／成君忆著

15. 自然与科学之谜／车纪坤，李斯编著

16. 富爸爸财务自由之路／（美）罗伯特·T·清崎，（美）莎伦·L·莱希特著

17. 亲历历史：希拉里回忆录／（美）希拉里·罗德姆·克林顿著

18. 乌龙院·第伍卷：花花木兰／敖幼祥编绘

19. 乌龙院·第贰卷：傻兄宝弟／敖幼祥编绘

20. 宋美龄画传／师永刚，林博文编著

21. 吸血鬼传奇／（美）蒙塔古·萨默斯著

22. 一生必读的60本书／张玉斌，王晶编著

23. 百变小问号：卡通拼音读物·绿色小问号：动物世界 植物王国／登亚设计工作室制作

24. 正说明朝十六帝／陈时龙，许文继著

25. 他改变了中国：江泽民传／（美）罗伯特·劳伦斯·库恩著；谈峥，于海江等译

在东莞图书馆阅读
东莞图书馆提供

26. 本山正传 / 李忠淮,李忠堂著

27. 国民党下台内幕 / 王建民,刘红,曾润梅著

28. 百变小问号：卡通拼音读物.紫色小问号：生活常识 人体奥秘 / 登亚设计工作室制作

29. 人人说英语·初级 / 侯毅凌主编

30. 突破口语要素 / 李阳主编

31. 女人的毛病 / 飞雪编著

32. 国殇:国民党正面战场抗战纪实 / 张洪涛著

33. 有趣的科学攻略.植物·动物 / (日)藤子·F·不二雄,(日)日能研,(日)村田博编著;石晓明译

34. 上海大亨 / (日)青山刚昌原作;(日)阿部丰,(日)丸传次郎漫画

35. 名侦探柯南·特别篇4 / (日)青山刚昌原著;(日)阿部丰,(日)丸传次郎漫画

36. 躺着学英语·听力从零到满分 / 成寒著

37. 名侦探柯南5 / (日)青山刚昌原著;青文译

38. 天津地名文化 / 天津市规划和国土资源局,天津师范大学主编

39. 中国国家地理 / 纪江红主编

40. 正说汉朝二十四帝 / 杜尚侠,张庆利著

41. 突破句型 / 李阳主编

42. 正说唐朝二十一帝 / 任士英著

43. 世界五千年未解之谜全集 / 李津编著

44. 照相本子 / 幾米绘

45. 人类之谜 / 马尔烈,马峥编著

46. 刘亦婷的学习方法和培养细节 / 张欣武,刘卫华著

47. 太平洋海空战 / (美)王书君著

48. 从推销员到香港特首：曾荫权传 / 窦应泰著

49. 六百岁的天津:1404.12.23—2004.12.23 / 贾长华主编

50. 人人说英语·中级 / 侯毅凌主编

附表 1:当当、卓越网上书店 2006 年度图书销量排行榜总榜

	当当(TOP50)①	卓越(TOP50)②
1	人体使用手册	人体使用手册
2	达·芬奇密码	达·芬奇密码
3	品三国(上)	品三国(上)
4	兄弟(全 2 本)	兄弟(下)
5	食物是最好的医药	改善你的视力:跟眼镜说再见
6	魔鬼经济学	人生若只如初见:古典诗词的美丽与哀愁
7	高效能人士的七个习惯	人间词话
8	孩子,把你的手给我	如何掌控自己的时间和生活
9	帝国的惆怅:中国传统社会的政治与人性	莲花
10	狼图腾	孩子,把你的手给我
11	窗边的小豆豆	一座城池
12	男人来自火星,女人来自金星	高效能人士的七个习惯
13	莲花	芒果街上的小屋
14	令孩子惊奇的 72 个科学异想	于丹《论语》心得
15	如何掌控自己的时间和生活	你在为谁工作
16	蓝海战略:超越产业竞争,开创全新市场	追风筝的人
17	芒果街上的小屋	会有天使替我爱你
18	游戏中的科学:德国最经典的科普读物	无毒一身轻
19	你在为谁工作	拿着剪刀奔跑
20	赢	碧奴
21	无毒一身轻 II	兄弟(上)
22	拿着剪刀奔跑	可不可以不要上班
23	优雅	小厨师大厨房
24	朗读者	我不是漂亮女生
25	好孩子的成长 99%靠妈妈	泡沫之夏
26	卓有成效的管理者	易中天品读汉代风云人物
27	品读中国书系之一——品人录	活着
28	追风筝的人	明朝那些事儿
29	世界是平的	男人来自火星,女人来自金星
30	影响力	京华烟云
31	易中天品读汉代风云人物	我的名字叫红
32	和佛陀赏花去	当时只道是寻常
33	普罗旺斯的一年	狼图腾
34	输赢	天使与魔鬼
35	骗局	卓有成效的管理者
36	刘心武揭秘《红楼梦》	世界是平的

①当当网 2006 年中国年度图书销售排行榜总榜(http://www.dangdang.com/zhuanti2006/876.shtml)。

②卓越网上书店 2006 年度中国图书销售排行榜总榜 http://www.amazon.cn/static/lb_061231_bk_top06final.asp?ref=GS&uid=

续表

	当当(TOP50)	卓越(TOP50)
37	剑桥少儿百科(生物、文明、科技)(全三册)	感悟(红版)
38	一个人住第 5 年	无毒一身轻Ⅱ
39	我的名字叫红	三毛经典作品(全二册)
40	快乐生活一点通	贝太私房女人菜
41	第九个寡妇	输赢
42	当世界年纪还小的时候	一学就会做 15 种粥
43	人生若只如初见： 古典诗词的美丽与哀愁	一个人住第 5 年
44	生命的不可思议：胡因梦自传	水是最好的药
45	碧奴	2007 高考考试大纲英语词汇规范释析
46	读库 0601	好吃懒做 1：60 道为懒人精选的馋嘴美食(贝太厨房系列)
47	伶人往事：写给不看戏的人看	改变一生的饮食计划
48	八十年代访谈录	品读中国书系之一——品人录
49	欧洲经典游——米其林旅游指南	周杰伦电影事件簿
50	美丽教主之变脸天书	优雅

附表 2：实体书店 2006 年度图书销量排行榜

书店(TOP30)①			
	虚构类	非虚构类	少儿类
1	达·芬奇密码	江泽民文选(第一卷)	哈利·波特与混血王子
2	狼图腾	江泽民文选(第二卷)	超级市长 (淘气包马小跳系列)
3	莲花	江泽民文选(第三卷)	跳跳电视台 (淘气包马小跳系列)
4	一座城池	科学发展观学习读本	窗边的小豆豆
5	兄弟(下)	中国共产党章程 (人民出版社)	巨人的城堡 (淘气包马小跳系列)
6	兄弟(上)	品三国(上)	寻找大熊猫 (淘气包马小跳系列)
7	藏獒	于丹《论语》心得	贪玩老爸 (淘气包马小跳系列)
8	活着	中共中央关于构建社会主义和谐社会若干重大问题的决定	暑假奇遇 (淘气包马小跳系列)
9	亮剑	中国共产党章程 (中国方正出版社)	同桌冤家 (淘气包马小跳系列)
10	局外人 2	社会主义荣辱观教育读本	冒险小虎队："鬼屋"惊魂(超级版)
11	骗局	做最好的自己	皮皮鲁总动员第一辑：皮皮鲁和 419 宗罪

①数据原始出处为北京开卷信息技术有限公司。该公司拥有 “开卷全国图书零售市场观测系统”，涵盖了全国大多数大中型书店，包括主渠道和二渠道，以新华书店为主，开卷排行榜由这些书店的所有图书零售数据汇总整合而成，可以反映全国实体书店零售的概貌。

书店(TOP30)			
	虚构类	非虚构类	少儿类
12	天使与魔鬼	品读中国书系之一——品人录	漂亮女孩夏林果（淘气包马小跳系列）
13	泡沫之夏 I	人体使用手册	哈利·波特与魔法石
14	会有天使替我爱你	政府工作报告：2006年3月5日在第十届全国人民代表大会第四次会议上	宠物集中营（淘气包马小跳系列）
15	局外人	2006年6月30日：在庆祝中国共产党成立85周年暨总结保持共产党员先进性教育活动大会上的讲话	四个调皮蛋（淘气包马小跳系列）
16	哆来咪发唆	中国共产党第十六届中央委员会第六次全体会议文件汇编	哈利·波特与凤凰社
17	乔家大院	中华人民共和国国民经济和社会发展第十一个五年规划纲要	冒险小虎队：太空陵墓（超级版）
18	左耳	你在为谁工作	天真妈妈（淘气包马小跳系列）
19	局外人 3	40岁登上健康快车	冒险小虎队：寻找沉睡千年的法老（超级版）
20	天使街23号（1）	品读中国书系之四——闲话中国人	快乐星球之永远是朋友
21	1995－2005 夏至未至	理论热点面对面.2006（通俗理论读物之四）	冒险小虎队：捉拿隐身大盗（超级版）
22	数字城堡	文化苦旅	轰隆隆老师（淘气包马小跳系列）
23	泡沫之夏 II	树立社会主义荣辱观	冒险小虎队：可怕的魔术（超级版）
24	围城	学习党章 遵守党章 贯彻党章 维护党章	笑猫日记：保姆狗的阴谋
25	洛丽塔	品读中国书系之三——中国的男人和女人（修改版）	快乐星球之超酷地球行
26	输赢	写字作业本（二年级）（人教版）	快乐星球之网络怪物
27	岛（第六期）：泽塔	无毒一身轻	女生日记
28	追风筝的人	品读中国书系之二——读城记	笑猫日记：想变成人的猴子
29	耶稣裹尸布之谜	易中天品读汉代风云人物	冒险小虎队：孤岛紧急呼救（超级版）
30	梦里花落知多少	品三国前传之汉代风云人物	疯丫头杜真子（淘气包马小跳系列）

小贴士:

道听途说说四幻

《诛仙》系列属于哪类小说？新浪读书频道中它所属的类目是“奇幻/武侠”，在当当网中它归在“玄幻/新武侠/魔幻/科幻”类下，卓越网则将其放在“武侠与奇幻>魔幻/奇幻/玄幻小说>武侠玄幻”类中。再看看图书馆，目前它所在的类目与金庸的武侠小说一样，属于“侠义小说”。

科幻、奇幻、玄幻、魔幻，这四种幻想类文学体裁，你能区分得清吗？在网上搜罗一番后，关于这四幻的观点大致如下：科幻似乎容易判断些，暂且不表。“奇幻”一词是西方舶来品，中国目前一直沿用了因翻译《魔戒》(The Lord of the Rings)而“一夜暴富”的台湾年轻人朱学恒对“fantasy”的译名，奇幻小说的本源是古代的神话和传说，托尔金的《魔戒》三部曲是奇幻小说的代表作；玄幻是本土化的奇幻，如果以1988年香港聚贤馆出版的黄易的《月魔》为肇始的话，玄幻小说应该有深厚的中国玄学底蕴才是，但如今市场上被称为玄幻小说的作品，其玄幻之玄已与玄学相去甚远，按我的理解，有点神叨叨、天马行空、装神弄鬼的意味；联想到妖魔鬼怪、魔法师、小精灵，魔幻之幻好像也就是那么回事儿，但也有人说魔幻小说应该是指魔幻现实主义小说，它是拉丁美洲文学流派之一，《百年孤独》就是一部魔幻写实主义小说。架空的世界、虚构的种族、巫师神仙、魔法术数，这些幻想文学的要素通常杂糅在一部作品中，所以你要说奇幻、玄幻、魔幻没有严格的界限，人家也拿你没辙吧。或许硬要给每个“幻”下个明确的定义纯属惘然，也没有必要，假以时日，隐藏在这混沌的幻想世界中的秩序自会昭然于天下。

以下是一些科幻与奇幻文学奖项：

雨果奖(Hugo Award)：始于1953年，以美国科幻杂志创始人雨果·根斯巴克（Hugo Gernsback）的名字命名，也称作科幻小说成就奖(Science Fiction Achievement Award)，每年由世界科幻小说协会（World Science Fiction Society)评选颁发。网址：http://www.wsfs.org/。

星云奖(Nebula Awards)：始于1966年，由美国科幻与奇幻作家协会(Science Fiction and Fantasy Writers of America)评选颁发，因奖杯的螺旋状星云而得名。网址：http://www.sfwa.org/。

世界奇幻奖(World Fantasy Awards)：始于1975年，每年在世界奇幻年会(World Fantasy Convention)上颁发 。奖杯是一尊洛夫克拉夫特(H. P. Lovecraft)的半身像。网址：http://www.worldfantasy.org/。

银河奖：中国内地唯一的科幻小说奖项，始于1984年由《智慧树》杂志社与《科学文艺》杂志社联合举办的第一届“中国科幻小说银河奖”，1986年《智慧树》停刊后由《科学文艺》(后改名为《科幻世界》)杂志社独立承办。

（林芳　编辑整理）

推荐书目的过去、现在与未来

◎ 邓咏秋

推荐书目对于读书人,尤其是阅读的起步者来说,具有向导的作用。没有一位好的向导,读书人很可能因为阅读不得法或没有读到适合他的图书而气馁,进而退出阅读者的行列。这是十分可惜的一件事。推荐书目好比领我们进入美丽的阅读殿堂的天使,它是走在我们前面的读书家对于后来者的忠告,是先行者的经验总结,使我们不必在黑暗中孤独地摸索,进而提高我们的生活效率。

一、20世纪以前中国的推荐书目

现在我们可以看到的最早的推荐书目①,出现在唐代末年,被后人称为"唐末士子读书目",所开列的图书主要是重要的儒家经典和历史著作。

元代时,学者程端礼(1271—1345)所著《程氏家塾读书分年日程》详细地开列了应读书目和读书次序,也是一部重要的推荐书目,被元朝国子监颁发给郡县官学,作为学生重要的参考书目。

明朝末年,陆世仪在所著的《思辨录》中为青少年开列了一个推荐书目,将阅读的人生分成三个阶段,每个阶段读书的方法不同:5—15岁重在"诵读",15—25岁重在"讲贯",25—35岁重在"涉猎",每个阶段分别开列书目若干,其中有少量是相同的,如三个阶段都开列了"四书""五经",但是在各个阶段所强调的阅读点并不相同。虽然这个推荐书目中具体的书目并不适合当今的读书人,但是他所强调的三阶段读书法(诵读、讲贯、涉猎)对于阅读指导仍具有积极的意义。

①王余光先生在《关于推荐书目》中对于中国推荐书目的历史作了详细的研究,以下有关中国推荐书目史的资料主要出自这篇文章,该文载于《中国阅读文化史论》(北京图书馆出版社2007年9月版)。

胡适一直热衷于为青年人开列推荐书目

此后重要的推荐书目还有：

• 清代康熙年间，由李颙口授、门人李士瑸记录的《读书次第》。

• 清代道光年间，龙启瑞撰《经籍举要》，为读书人开列经史子集四部图书要目。

• 清代光绪年间，张之洞为了答复科举学生的问题（应读哪些图书？每种图书以阅读哪一个版本为最佳？）而写作了著名的《书目答问》一书，收录图书2200多种，对于所收各书，注明作者、卷数、版本，重要图书下加有按语，指出阅读时的注意事项。

总的来说，受当时中国的文化教育背景的影响，这一时期的推荐书目重视儒家经典的推荐，强调推荐书目的教育性。

二、20世纪以来的中外推荐书目

这一时期的推荐书目种类和数量众多，下面分几个主要的大类来讨论。

1. 读中国书，还是外国书？——谈谈中国的推荐书目

随着西方新学科新知识的引进，以及科举制度在中国被废除（1905年），那些诞生在科举制度下的推荐书目也就逐渐失去了用武之地。由于现代印刷术和出版业的发展，西学东渐之风越来越劲，涌现了许多翻译的西学著作，出版物总数也大大增加了。根据杨家骆对中国历代著作的统计，明代（1368—1644）中国平均每年产生著作51种，1912—1937年5月中国共出版新著71680种，平均每年出版新著2811种，比明代的平均年产著作数增长了55倍。① 在这样的情况下，读书人更有不知应读何书的困惑，于是学者和大读书家开列推荐书目的热情也就越来越高。

走进清华大学图书馆中文社科图书借阅区，首先映入眼帘的就是这一排书架。它放置了《清华大学学生应读书目》中所开列的图书。

邓咏秋摄

开列西学图书推荐书目，其实早在20世纪之前就出现了。1896年，梁启超因其门人和弟弟问及应读哪些西学图书，于是编辑推荐书目《西学书目表》（时务报馆出版），共收录西学图书352种，作者在有些图书下还加了简短的评语，如“最精善”“极要”“难读”“简明”“粗浅”“可缓读”等。

面对西方发达的科技和蜂涌而至的外国图书，中国的文化界的确曾引起争论。到底应该读外国书，还是读中国书？吴稚晖曾经就说过：一切线装书都该丢进茅坑里去！1925年《京报副刊》记者孙伏园发起了一个征求“青年人十部必读书”书目的活动，向鲁迅约了稿，但鲁迅交了白卷，回答说：“从来没有留心过，所以现在说不出”，接着在附注意见里写下了那句著名的表白：“我以为要少——或者竟不——看中国书；多看外国书。”

当然不能仅从字面上去理解他们的意思，在当时的环境下，鲁迅等提倡多读外国书，其实是希望不要仅仅拘泥于中国古老的文化，而是要放眼世界，吸收全世界的先进文化为我国发展所用。不过，20世纪以来，中华古代文化和古代典籍一直不断面临质疑。为了回答社会上关于青年人是否应该阅读国学书的问题，一批国学家通过推荐书目作出了肯定的回答，从而带来了国学书目长时期的繁荣。

①参见杨家骆：《中国古今著作名数之统计》，载《新中华》1946年，复刊第4卷，7期，22–27页。

1920年，胡适开列了“中学国故丛书”目录，列举古籍31种，以备中学生阅读。

1923年2月，清华学校《清华周刊》的记者邀请胡适和梁启超两位学界泰斗分别为将要去国外留学的清华学生开列一份“最低限度的国学书目”。胡适先“交卷”，他开列了《一个最低限度的国学书目》，收录图书约190种，分工具、思想史、文学史三大类。不久，梁启超也开出了自己的《最低限度的国学书目》，收录图书约170种，分五类：修养应用及思想史关系书类，政治史及其他文献学书类，韵文书类，小学书及文法类书，随意涉览书类。

20世纪20年代初兴起的推荐书目热潮，在1925年达到了一个顶峰。这一年，《京报副刊》的记者孙伏园发起了一个征求“青年人十部必读书”书目的活动。在这样的情况下，顾颉刚开出了这个包含有14种书的“有志研究中国史的青年可备闲览书目”，有意避开了“必读”二字，淡化了强制阅读的色彩，显得更加亲切。

即使是在这次活动中提倡“要少——或者竟不——看中国书；多看外国书”的鲁迅也在事隔五年后（1930年），也开出了一份纯中国图书的推荐书目：因其好友许寿裳之子许世瑛进入清华大学中国文学系就读，鲁迅为友人之子开出了一份学习中国文学的书单，开列中国图书12种。

1942年，朱自清出版《经典常谈》，分十三篇深入浅出地讲述了《说文解字》《周易》《尚书》《诗经》等中国重要典籍，以求能启发读者的兴趣，引他们到经典的大路上去。在他看来，“在中等以上的教育里，经典训练应该是一个必要的项目”。“经典训练的价值不在实用，而在文化”。

在20世纪前半期，开列出国学推荐书目的学者还有章太炎、汪辟疆、钱穆、张舜徽等。直到20世纪后半期，一直到现在，学者开列国学推荐书目的热情依然未减，不过与此形成鲜明对比的是：由于学制和教学内容的变化，普通读者对于中国传统经典的阅读能力在不断削弱，一些过去开列给中学生阅读的传统经典现在连大学生都感到阅读困难。也许正是由于这一原因，以及学者们深信阅读传统经典对于传承文化和提高素质大有裨益，所以他们不遗余力地呼吁学习中国传统经典有其必要性，开列推荐书目也就成了学者在当代提供阅读传统经典的重要手段。

20世纪后半期，以传统经典为主的推荐书目继续发展，其中较为著名的是1953年10月北京图书馆编制的《中国古代重要著作选目》，这个目录是经过郭沫若、俞平伯、何其芳等人审订过的，选书 20 种，分文史和科学两方面。另外，无论在大陆还是台湾和香港地区，学者开列传统经典推荐书目的热情依然未减。如 1964 年，学者屈万里在台湾开明书店出版《古籍导读》一书，书中开列经、史、子、集四部书 38 种。在 20 世纪 90 年代北京大学、清华大学为大学生开列的推荐书目中，中国传统经典仍是其中非常重要的内容。

是读中国书，还是读外国书？其实争论的双方没有绝对的不可调和的分歧。“兼收并蓄”可能是最好的一种解决方案。

20 世纪 20 年代，朱光潜在《给青年的十二封信·谈读书》中，对中学程度的青年谈他喜爱的中外图书，开列了一些他喜爱的中外图书，这其实也有推荐的效果，更重要的是，他的这个书目中，中外图书大约各占一半，被提到的外国文学著作有济慈的诗集、莎士比亚的《哈姆莱特》等。

20 世纪 80 年代，较有影响的一部推荐书目——季羡林主编的《中外文学书目答问》（中国青年出版社，1986 年版），从名字上即可看出也是一部中外合璧的推荐书目。至于 1997 年清华大学参考校内外专家意见而编印的《清华大学学生应读书目（人文部分）》，以及 1998 年北京大学组织校内外五十多位著名教授开出的《北京大学学生应读选读书目》，也都是如此。

2.中外大学推荐书目

学生一直是推荐书目的主要开列对象。大学生阅读能力强，阅读需求旺盛，20 世纪以来，中外许多知名大学为了学生的全面发展，纷纷为大学生开列推荐书目。

哥伦比亚大学在 20 世纪初便在美国的大学中率先推行名著导读课，向学生推荐哲学和社会科学领域的名著，并作导读性的讲解。后来这一做法被芝加哥大学和其他一些大学采用。具体而言，据哥大学生大卫·丹比记录，哥大面向一二年级的本科生开设的名著导读课，其实是两门必修课，分别叫“文学人文”与“当代文明”。这两门课所推荐的书单并非固定不变的，大约每年会有 10%—20%的调整。①

随着中国教育界对素质教育提倡力度的加大，中国大学也积极地组织专家学者为学生开列旨在提高学生素质的推荐书目，除前面讲到的《清华大学学生应读书目（人文部分）》（1997 年），以及《北京大学学生应读选读书目》（1998 年）以

①《伟大的书——我与西方世界不朽作家的历险记》之“导言”，[美] 大卫·丹比著，曹雅学译，江苏人民出版社，1998 年 3 月。

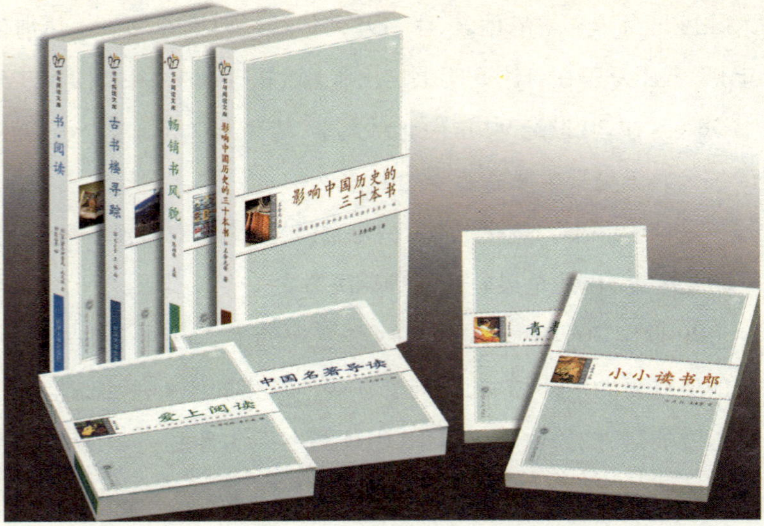

中国图书馆学会科普与阅读指导委员会策划、编撰了一套“书与阅读文库”，旨在鼓励和指导阅读，由武汉大学出版社2007年出版。其中包括重版《影响中国历史的三十本书》。文库中的《畅销书风貌》获得凤凰卫视读书节目《开卷8分钟》的推荐。

外，还有武汉大学的《大学生文化素质教育百部名著导读》（1997年）等。

为大学生推荐基本的名著，这一做法也是世界性的。日本岩波书店2005年出版的《向大学新生推荐的101册图书》，就是广岛大学为文理新生制作的一份推荐书目。①该推荐书目由四个部分组成，一是超越时代的基本教养，二是人类的记录，三是跨学科的知识，四是现代的重要问题，共包括101种图书。

还有下面这样的书目，虽然不是严格的推荐书目，但是客观上，它们可能是另一种更亲切的推荐书目，对于大学生来说，也会激起他们去阅读其中开列的图书。

美国哈泼—罗出版社1986年出版的《哈佛大学有影响的书籍指南》（The Harvard Guide to Influential Books）就是这样一部书目。在这本书中，世界著名学府——哈佛大学的113名教授现身说法，介绍了对他们的思想、事业和生活产生过重大影响的书。这些教授来自社会科学和自然科学领域的各个专业，在美国及国际上均有一定的声誉。他们的推荐和介绍对于读者来说有很好的吸引力，其推荐效果并不差。受这一选题的启

①这份书目已由李常庆译为汉文，载前面已引用过的《爱上阅读》一书。

清华大学图书馆普通阅览室
孟新民摄
清华大学图书馆提供

发，中国也出版了一部相类似的书目，即《北京大学教授推荐我最喜爱的书》（李常庆编，陕西师范大学出版社 2001 年版）。

3. 中外影响书目

外国的爱书人很早就在探讨书的影响力问题，探讨书籍对于世界或某一国家、历史，乃至全人类的影响力，以及哪些图书具有比其他图书更大的影响力。这些书目虽然主旨不是向读者开列便于他们阅读的书目，但是实际上，也引起人们的兴趣去阅读。所以，如果不把推荐书目的含义限制得过于死板的话，影响书目也可以归入推荐书目的范畴。

1929 年，美国文学评论家、作家考利（M. Cowley）同史密斯（B. Smith）在其合著的《改变我们心灵的书》中，公布了一批当时美国名人推选的书目，共有 134 本书被提名，《梦的解析》等 12 本书得票最多，是“对于当代美国精神影响最为重大的书籍”。[①]

1945 年英国作家奚普（Harace Shipp）不加时间、地点和主题的限制，只就世界历史范围最重要的书选出十本书，被称为“震撼世界的书”。

①以下所提到的大多数推荐书目编入了《中外推荐书目一百种》，陕西师范大学出版社 2001 年版，邓咏秋、李天英编。

1956年,美国图书馆学家唐斯(Robert B. Downs, 1903—1991)出版了《改变世界的书》(Books That Changed the World)。这是一部很成功的影响书目,这本书共销售了50万册,足可见这个话题对于公众的吸引力。

1985年美国《生活》杂志社在百万读者中开展评选"人类有史以来的最佳书"的活动,结果有20种书名列前茅。

20世纪80年代,我国也出现了类似的书目。

1982年,史学家蔡尚思提出"最能代表中国文化的40种书",分文学、史学、哲学思想和科学四个方面。(载《书林》1982年第5期)

1990年,王余光先生主编《影响中国历史的三十本书》由武汉大学出版社出版。本书介绍了中国历史上对中华民族各方面产生过深远影响的30本书(另附3本),它侧重于从书籍对历史进程的影响,深入而系统地剖析了它们对读者在思想深处的巨大作用。继这部书之后,中国还出版了一系列影响中国和世界的书目。

4.推荐书目的新发展

20世纪以来,推荐书目向更广的范围发展。具体来说,主要呈现以下新的发展态势。

(1)推荐书目的开列者更加多元。过去,推荐书目开列者以学者为主,现在不仅学者继续保持着开列推荐书目的热情,更多爱书的平民也加入到这一行列,网络等新媒体为平民开列和传播自己的推荐书目提供了便利。如全球最大的网上书店亚马逊网上书店(www.amazon.com)网页上就有许多普通读者捐献的推荐书目。中国豆瓣网(www.douban.com)是2005年创立的一个很有特色的读书网站,在这个网上,每个注册用户都有权发布自己最喜欢的书,即推出自己的推荐书目。

(2)面向各种细分读者群的推荐书目大量涌现。以前的推荐书目主要针对读书求学的学子,现在,不仅各种面向中小学生和大学生的推荐书目依然热闹,另一方面,现在的推荐书目更注重面向各种细分读者人群,如出现了一批面向家庭、女性、老人的推荐书目,面向某一职业如IT人士、律师、医生、农民等的推荐书目。

(3)各种专门性的推荐书目层出不穷。如台湾作家唐诺的"推理小说入门书单"从名称上即可知这是一个关于推理小说的推荐书目。此外,关于健身、旅游指南、养育孩子等生活类推荐书目在当前也很受人欢迎。

(4)推荐的原则更加多样。以前的推荐书目主要强调其图书的教育和文化价值，现在则出现了强调图书的其他功能的推荐书目。如在世纪之交，牛津大学墨顿学院英国文学教授约翰·凯里根据书籍带给人的快乐这一简单原则，选出从柯南·道尔《巴斯克维尔庄园的猎犬》（1902）到格雷厄姆·斯威夫特《遗言》（1996）共50本“20世纪最令人愉悦的书”。[①]凯里认为，阅读是非常普通的行为，不要错误地为它贴上精英专有的标志。“我们得承认，有些自以为懂书的人，他们做了许多破坏的事。他们在公众的大脑中把阅读与炫耀、虚伪的文雅联系在一起，吓跑了那些可能成为读者的人。还有一些专家组编造出一些‘伟大的书’的书单子，不断出版。”凯里称自己的这个书单是这一现象的解毒剂。这些图书的入选不是因为它的伟大价值，或体现的人类精神，“虽然这个书目中有些书，即使用这一标准来检验，也是杰出的。”他的这一见解对于鼓励更多的人加入阅读的行列是有益的。

（5）传播的手段也更加丰富。随着现代传播工具的出现，推荐书目很快就与这些新的传播媒介结合起来了。报刊电视网络出现之后，便有了推荐书目与它们的结合，如：前面提到的1925年《京报副刊》的“青年人必读书”推荐书目活动；1959年4月12日起，美国著名节目主持人、专栏作家和报人费迪曼（C.Fadiman）开始在《吉斯周刊》上连续推出他的推荐书目，这是一份为18岁到80岁的读书人推荐的大规模的读书计划；前面提到的约翰·凯里的推荐书目——“20世纪最令人愉悦的书”最初也是在美国《星期天泰晤士报》上连载的。推荐书目与电视结合的例子，有中国中央电视台的“读书时间”，中国香港凤凰卫视“开卷八分钟”节目等，它们通过谈书的形式鼓励读者阅读它们所推荐的图书，一般每期重点介绍一本书，有时可以把作者约到演播室来与读者互动。这些每期重点介绍或品评一种图书的方法，也就是在向读者推荐读物。不过，可惜的是，“读书时间”最后由于收视率不足而停播。不过，在这方面倒还是有非常成功的例子，如美国“奥普拉读书俱乐部”（Oprah's Book Club）电视节目、英国第四频道的“理查与茱蒂读书俱乐部”(Richard & Judy Book Club)等。如果一本书能获得奥普拉节目的推荐，至少可以多卖出50万本甚至100万本，足可见其号召力之大。至于利用网络发布推荐书目的例子在当代更是不胜枚举，前面提到的亚马逊网上书店、豆瓣网都是成功的例子，另外，通过BBS读书版、网上论坛、个人博客发布推荐书目也是很普遍的事情。

①这份书目可参见《爱上阅读》，武汉大学出版社2007年版，邓咏秋、李天英编。

张家港市农家书屋读者借阅排行榜
苏州阅读节办公室提供

（6）推荐书目不仅受到学者的重视，更日益受到政府和各种社会组织的重视和支持。由于各种新媒体的出现以及当代人越来越忙碌，阅读有衰落之势，而与此同时，社会上有识之士日益认识到阅读对于国民素质等具有重要的意义，所以各国政府和包括联合国在内的国际组织近年来也是不遗余力地投入鼓励阅读的活动。为了鼓励阅读，必须要解决一个读什么的问题，于是各种政府组织和社会组织也很重视组织相关专家为公众开列推荐书目。

2000 年 1 月，我国教育部颁布最新教育大纲，第一次明确指定中学生（包括初中和高中）课外文学阅读必读的 30 种文学名著，即推出了中学生课外必读文学名著书目。

作为中宣部、文化部、教育部等 9 部委、团体联合开展的“知识工程”的实施项目之一，我国的知识工程推荐书目活动也已经于 2004 年启动。自 2007 年开始，新闻出版总署等八部委在全国范围联合实施“农家书屋”工程，力争在全国农村建设 20 万家“农家书屋”，作为此项活动的一部分，每年组织专家选出历届农家书屋推荐书目。经过专家组的评选，“农家书屋”工程第一批推荐书目已经确定，包括 4400 余种图书。

各地读书活动的开展，也相应的出现了一批推荐书目。如 2007 年第八届深圳读书月（11 月 1 日至 30 日）活动，推出了藏书与阅读推荐书目 100 种、优秀青少年读物推荐书目 50 种、优秀音像电子出版物推荐目录 30 种。

在社会组织鼓励阅读方面，图书馆和图书馆协会始终是一股重要的力量，美国图书馆协会下设的青少年图书馆服务协会每年评选出“最佳青少年读物”等推荐书目。中国图书馆学会科普与阅读指导委员会于 2006 年 4 月 23 日成立，与此同时，下设的“推荐书目组”也宣布成立，该组织将集合图书馆界和社会力量，为鼓励阅读、推荐好书作出努力。

（7） 各种图书评奖结果、图书销售排行榜也成为事实上的推荐书目，鼓励人们去阅读这些榜上有名的图书。

（8） 推荐阅读的形式不断创新，以前的推荐书目给人的感觉经常是比较严肃，而现在为了更好地为读者所接受，各位推荐者也不断在形式上力求创新，如以前叫“必读书”“最低限度”书目名字的较多，而现在也有打着“不必读”“不读书”等旗帜劝人读书的做法，以求增强对大众的吸引力和亲和力。如中国台湾就有一档知名的电视读书节目，以前叫“周二不读书”（后改名“今天不读书”）。总之，不管形式如何变，目的仍然是鼓励更多的人来爱书。鼓励阅读的事业要想达到好的效果，推荐者的方法和个人魅力的确是一个重要因素。例如，美国电视读书节目主持人奥普拉，有人这样评论：即使她推荐人们去阅读电话号码簿，也会有人去读的。这也说明她的确在推荐方面有高人一筹之处。

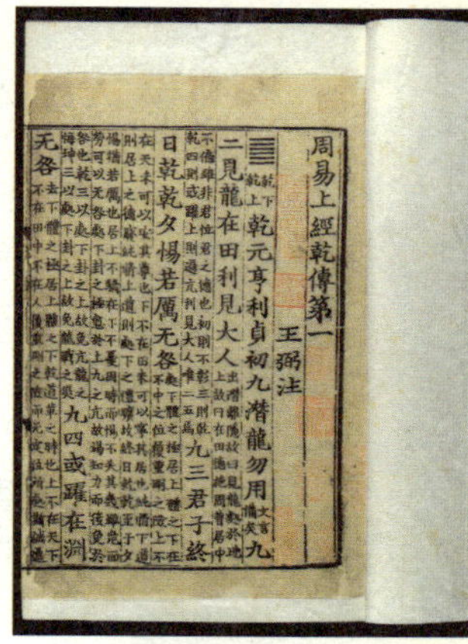
周易上經乾傳第一
王弼注
乾元亨利貞初九潛龍勿用
九二見龍在田利見大人
九三君子終日乾乾夕惕若厲无咎
九四或躍在淵无咎

《周易》宋代淳熙年间抚州公使库刻递修本，藏于国家图书馆

《论语》《诗经》《周易》等先秦古籍仍频频出现在当代学者为大学生或一般读者开列的推荐书目中。这说明传统经典名著，在今天仍有着强大的生命力。

亲子阅读

苏州图书馆提供

三、推荐书目的未来

在这里,我们且前瞻一下未来推荐书目的发展趋势。讨论这个问题必须同时考虑推荐书目的环境,结合推荐书目产生环境的变化,我认为推荐书目在未来会有以下变化:

1.人们生活越来越忙碌,面对多媒体的冲击,读书时间越来越少。在有限的时间里,人们更加呼唤符合自己需要的推荐书目,以节省自己的时间,提高生活和阅读的效率。

2.图书越来越多,不知应读何书的困惑也就越来越大,越来越需要推荐书目的指引。单以中国为例,现在中国每年出版新书 10 万多种,而且这还是在这样的一种情况下:新闻出版署对书号实行统一分配和控制,全国只有 500 多家出版社。设想一下,如果将来书号制度的放宽或消失,开办出版社的限制放宽,那么,中国每年出版新书数还会有更大的增长。姑且不考虑这种情况,就以现在的情况而论,图书出版是历年不断累积的,去年出版的新书在今年仍然会摆在书店里,几百年几千年前出版的图书仍然会摆在图书馆里,且看现在书城不断扩大店面面积,图书馆不断建设新馆,仍然面临图书摆不下的困境,足可见人们可以获得的图书之多。未来这一情况还会更严重。

3.推荐书目的功能、种类和数量会发生变化。人们不仅需要严肃的以教育功能为主的推荐书目,以轻松、实用、休闲等为目的的推荐书目更有大量的需求。不仅推荐书目的数量和种类会呈现出多样性,需要推荐书目的人群也会呈现最大的多样性。以前,需要推荐书目的,主要是需要指点治学和读书门径的学子,而现在和将来,随着知识的多元化和生活的复杂化,任何人都不可能精通所有的领域,我们需要有效地了解其他领域,图书是最好最系统的工具,那么,“应读何书、书以何本为善”这样的老问题就再次出现了,这时,推荐书目便是我们理所当然的首选。比如一位文学系的教授,他可能需要了解一些经济学、理财或炒股方面的知识,这时,他便需要类似于“家庭理财推荐书目”或“炒股者的十本最佳入门书”这样的推荐书目。

4.推荐书目会朝着更加个性化、专业化的方向发展。大而全的推荐书目越来越没有吸引力。随着技术的发展,向个人推送专为他定制的推荐书目会更加符合他的需求。另外,专业化的推荐书目也会更加受人欢迎。如专门针对律师、医生、音乐人士的推荐书目。

5.推荐书目会与新媒体融合,发挥更大的影响。随着网络等新媒体的发展,个人表达意见和相互间交流的机会大大增加，不仅博览群书的大学者可以继续像过去一样对我们发表他的推荐书目，如你我一样的普通人也可以通过推荐书目发表自己的阅读见解。以网络为例,不论是需要推荐书目的人,或是想发布推荐书目的人,都可以通过网络轻松如愿。而新媒体的传播效果也远胜于传统推荐书目的传播效果。例如,传统时代,推荐书目可能是教师在课堂上为学生开列,或通过纸质出版物向大众公布,这种方式与网络等新媒介比起来,是望尘莫及的。

综上,笔者姑且展望一下,未来的推荐书目将会朝着数量和种类更多、平民更多地参与推荐、与新媒介相融合、更加贴近人们生活的方方面面等方向发展。□

爱书人经验交流

电子图书与原创文学网站
如何捐献图书
图书漂流——分享阅读　分享快乐
买便宜书的方法
买书记
西方爱书人的家庭藏书室
怎样用书装饰你的家
分享阅读心得　获得心灵愉悦
如何在阅读方面获得帮助

电子图书与原创文学网站

◎ 梁谷嘉

随着互联网的发展，网上出现了众多的电子图书网站。只要轻击键盘和鼠标，我们便可以找到大量的电子图书，或下载到自己的电脑上，分门别类，建立自己的“电子图书馆”；或在线阅读。上网阅读已经成为现代人生活的一种新时尚。为了帮助上网读书者轻松找到适合自己的电子书，我们在此精选了一批各具特色的电子图书网站，推荐给大家，尤其注重推荐原创文学网站，愿大家在网络的世界享受阅读的快乐。

榕树下

黄金书屋 http://wenxue.myrice.com/

主要栏目：黄金书库、黄金原创、作者之家、黄金专题、文化新闻、黄金俱乐部、会员专区、黄金论坛

特色：成立至今一直稳固占据前 10 大中文读书网站的地位。

榕树下 http://www.rongshuxia.com

主要栏目：小说、诗歌、散文、社区、社团

特色：中文原创作品网站。

书生读吧 http://www.shusheng.cn/

主要栏目：电子图书、电子期刊、书业资讯、个人空间、图书下载、原创论坛

特色：书目种类繁多,查询阅读较为方便。

超星数字图书馆 http://www.ssreader.com/

主要栏目：免费阅览室、会员图书馆、电子书店、原创、社区、博客

特色：图书分类最全的网站之一。

亦凡公益图书馆 http://www.shuku.net/

主要栏目：进图书馆、书籍搜索、作家专栏、征文大赛、文学月刊

特色：图书数量品种都很多,查询阅读方便。

白鹿书院 http://www.oklink.net/index.shtm

主要栏目：网络文学、投稿中心、征文频道、分类图书、走近作家、作品赏析、媒体选稿

特色：内容丰富、全面,人气较旺。

青少年读书网 http://www.hellobook.com.cn/

主要栏目：读书理财、新书速递、我读我写、原创乐园、E 书下载、哈贝俱乐部

特色：上海市新闻出版局委员会主办、有针对性地为青少年推荐好书、新书。

幻剑书盟 http://hjsm.tom.com/index.html

主要栏目：VIP 作品、支付中心、作者专区、出版频道、申请作者、论坛、聊天室

特色：网上读书、写作社区,以武侠类内容为主要题材。

起点中文网 http://www.cmfu.com/index.asp

主要栏目：女生频道、漫画频道、原创书库、VIP 小说、排行榜、搜书、书屋、无线、博客、书友会、投稿、出版、作家专区

特色：原创文学书库、侧重女性、武侠、玄幻类小说。

花雨 http://www.inbook.net/

主要栏目：征稿专区、原创书库、花雨书店、花雨社区、我的花雨

特色：国内通俗小说出版资源网站，培养了最早一批浪漫小说的本土创作群，同时创造轻松的阅读文化。

和平书局 http://www.book8848.com/

主要栏目：新品上架、图书分类、排行榜、特价靓书、意见反馈、在线咨询、在线帮助

特色：已有国内上百家书店、出版社加盟，提供出版社检索途经。

中国青少年新世纪读书网 http://www.cnread.net/

主要栏目：原创、图书、博客、购书、活动、写作、电台、心理、动漫、论坛、资讯、学院、科技

特色：内容丰富的青少年读书网站。

书路文学 http://www.shulu.net/

主要栏目：全本图书、游戏世界、玄幻修真、奇幻魔法、超级能力、架空历史、武侠异侠、现代都市、边缘小说、虚拟军事、竞技体育、推理小说、恐怖灵异、科幻小说、

小贴士：

世界上读书人最多的国家

日本是全世界人均读书最多的国家。有“读书王国”之称。1988 年之前的七年中，日本平均每年售出 10 亿册以上书籍和杂志，人均近 9 册。1985 年，平均每天售出 4000 多万份报纸，平均两人多就有一份报。1988 年，日本共印刷了 40 亿册杂志和 15 亿书籍，人均分别为 3.6 册和 12.6 册。1989 年日本的书籍总印量为 144656 万册，人均达到 10 册以上，发行金额为 12556 亿日元，人均约 1 万日元。如今日本每天有 100 多种新书进入书市。但仅就出版种类来看，它不过居世界第 6 位，人口与出版种数之比更在 20 位以下，但文盲率英国为 12%，美国为 15%，而日本则还不足 1%。在欧美国家是知识人读书，而在日本则是全体国民都读书，其读书人口和书评（读书）类读物的发行量和在版种数均居世界最前列，所以称之为“读书王国”，是确当不移的。但日本的文化人仍感不满足，继续以进取精神推动着日本的读书风气。现代小说家丸谷才一表示：“我们要笔下生花、满腔热忱地推荐那些某种程度以上的读者读得懂的好书，以此来进一步提高全体日本人的读书程度，使现代的日本文明更优雅些、更高级些。”

（郭腊梅摘自王余光、徐雁主编《读书大辞典》）

中国青少年新世纪读书网

文学视界

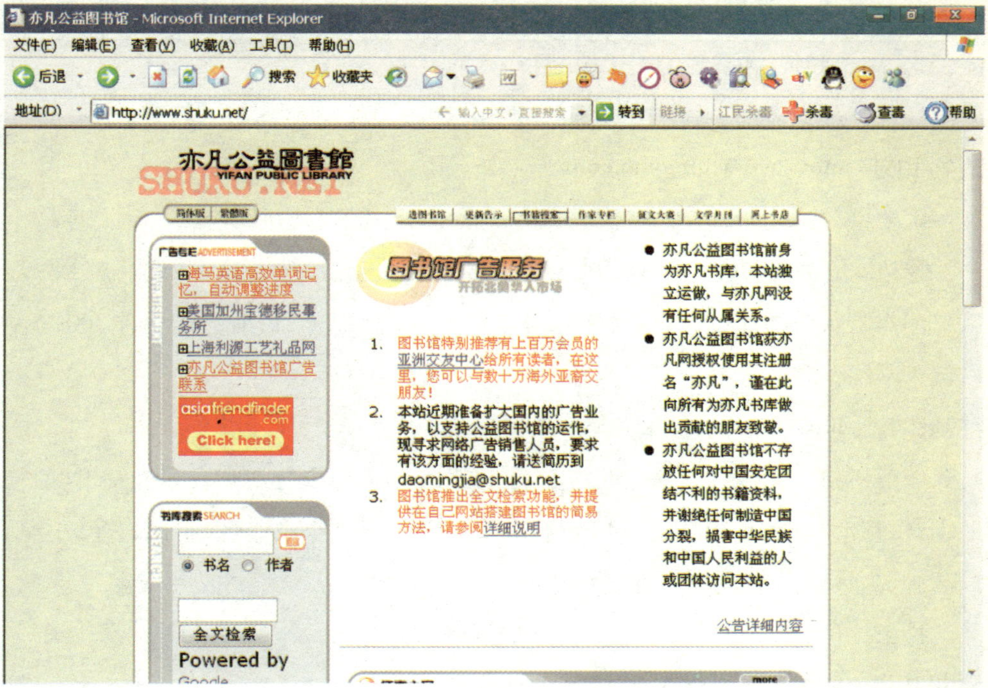

亦凡公益图书馆

超星数字图书馆

同人小说、浪漫言情、耽美小说、美文随笔、其他小说、图书馆、原创书库、排行榜、交流论坛、用户面板、作者工具、出版关注。

特色：分类较细、内容丰富的文学网站。

清韵书院 http://www.qingyun.com/

主要栏目：文学、艺术、武侠、科幻、饮食、专题、网刊、出版、论坛、专栏、博客

特色："清韵书院"最早在中文网上倡导鼓励网络原创作品，一直以来十分注重原创作者队伍的建设。自2000年为开办个人专栏以来，目前已建立有300个左右优秀网络作者的专栏。

红袖添香 http://www.hongxiu.com/

主要栏目：文学频道、MSN读书、日记、论坛、博客、文集、排行榜、红袖书城、言情大赛、帮助中心、小说频道、VIP专区、言情小说、都市小说、武侠小说、玄幻小说、惊悚小说、悬疑小说、历史小说、科幻小说。

特色：目前国内最具影响力的纯文学网站之一。

潇湘书院 http://www.xxsy.net/

主要栏目：玄幻魔法、仙侠武侠、现代都市、浪漫言情、耽美同人、历史小说、军事、科幻、灵异、游戏、竞技、作家申请、出版征稿、作家专区

特色：最优秀的小说阅读网站之一。

文学视界 http://www.white-collar.net/

主要栏目：名家云集、经典流脉、视界书库、文学理论、文化探讨、童心世界、原创基地、亦舒专栏、余华专栏、网络文学、佳篇难弃、同道居。

特色："文学视界"是一个非营利性质的"文化学术类公益型网站"，它以"百年华文文学"为主题，目的是在华语人群中推介最优秀、经典的文学作品与学术文章。

小说阅读网 http://www.readnovel.com/

主要栏目：玄幻小说、言情小说、武侠小说、灵异推理、网游小说、现代文学、纪实文学、青春校园、外国文学、网络小说、小说连载、短篇作品、现代诗歌、作家专区

特色：每日更新大量原创小说，风格简洁，没有眩杂广告。给读者一个安静的读书空间。□

如何捐献图书

◎ 徐 军

一、捐赠至图书漂流点

1. 找到合适的捐赠点

如苏州图书馆图书漂流站，以下均以苏州图书馆图书漂流站为例（简称图漂站）。

■ 捐献一本或多本图书。

■ 填写捐献者的真实姓名和信息。要长期保持会员身份（可以用手机短信注册为会员）。

■ 遵守图书馆图书漂流站的规则。

2. 捐献图书的要求

捐献的图书在类别上没有硬性的限制，畅销书、理论专著等均可。但是必须具有长期的阅读价值。以下图书均不能捐献：

■ 只有短期阅读价值的图书，如大学、大专及以下教科书、时事政治学习资料等。

■ 知识老化陈旧、失去阅读价值的图书。

■ 盗版图书。

■ 过于破旧的图书。

3. 如何捐献图书?

捐献者可用三种方式捐献图书：一种是携带所捐献图书到苏州图书馆漂流点进行捐献；第二种是通过邮寄方式到苏州图书馆漂流点，地址：苏州市人民路 858

约翰·哈佛(John Harvard)的雕像，他手里正拿着一本翻开的书。哈佛学院初创时，就是因为获得他向该学院图书馆捐赠280册书及小额捐款而定名为“哈佛”。

姚伯岳摄于哈佛大学

号苏州图书馆图书漂流点（邮编：215002）；第三种是由图书漂流站管理人员到捐献人处拿取图书。

■ 符合捐献要求的，网站公布捐献的书名、书号和捐献者等。

■ 捐献者在成功申请捐献图书后，在漂流网上搜索你所捐献的图书的书名，找出你捐献图书的网页和书号。投漂一本书能得积分奖励。

书价 10 元 以下　书籍　得 50 分

书价 10 — 20 元　书籍　得 100 分

书价 20 — 30 元　书籍　得 150 分

书价 30 — 40 元　书籍　得 200 分

书价 40 — 50 元　书籍　得 250 分

书价 50 元 以上　书籍　得 300 分

二、捐赠图书至民工子弟学校或有图书需要的人处

1. 将自己要捐赠的图书整理一下，并列出一个清单。

2. 上网或通过平面媒体找到合适的捐赠点（一般是边远山区或民工子弟学校），并与其联系。

3. 联系成功后，在确定对方需要自己的图书后，可通过邮寄

或等对方上门取书的方式，将图书送到对方手上。

4. 送书成功后保持联系，根据对方需求再次找寻相关图书。

三、捐赠图书至图书馆（作为图书馆馆藏资源）

以苏州图书馆为例：

1. 将自己要捐赠的图书整理一下，并将图书列个清单。

2. 与苏州图书馆采编部联系，联系电话：0512–65224768。

傅增湘是著名藏书家、目录学家、校勘学家、版本学家。傅先生去世后，后人遵嘱向国家图书馆捐赠傅先生所藏的珍贵善本“双鉴”——宋刻本《资治通鉴》和宋内府写本《洪范政鉴》。

了解图书对捐赠情况的要求。目前苏州图书馆只接受苏州本地相关文献或苏州图书馆馆藏没有的文献的捐赠。

3. 在知晓要求的情况下，双方合作，选出苏州图书馆有需求的书。

4. 苏州图书馆在收藏后，出具相关的收藏证明，并根据联系方法，邮寄至捐赠人家中，作为留念，并感谢捐赠人对苏州图书馆馆藏资源建设所作出的贡献。□

小贴士：

哈佛、耶鲁大学因图书捐赠者而得名

美国大学图书馆的起源和美国大学的起源几乎是同步的。早在殖民时期建立的九所学院，包括建立于 1636 的哈佛、1693 年的威廉玛丽（William and Mary）、1701 年的耶鲁、1746 年的普林斯顿、1749 年的宾州大学、1754 年的哥伦比亚、1764 年的布朗、1766 年的罗格斯和 1769 年的达特茅斯（Dartmouth），由于每个学院的院长都认识到建立图书馆为学院服务的重要性，在成立之初，每个学院都建立了图书馆。

当时这些学院的规模都还很小，比如哈佛学院（哈佛大学的前身）在 1710 年时还只有 125 名学生，耶鲁才 36 名，因而图书馆的馆藏也相当地少。书籍的来源主要靠捐赠。尽管学院偶尔也能拨一点购书款，由于建院之初经费普遍较紧而且不稳定，这种拨款既不固定，数额也不大。捐赠书籍的有牧师、医生、律师及政府官员等。

哈佛学院初创时，就是因为获得牧师约翰·哈佛（John Harvard）向该学院图书馆捐赠 280 册书及小额捐款而定名为“哈佛”。此后于 1642 年又收到马塞诸塞州州长温斯洛（John Winthrop）捐赠书籍 40 册。至 1723 年哈佛图书馆第一次编印目录时，其馆藏不过 3500 册。1764 年，哈佛已成立一个多世纪，其图书馆的藏书尚不及 5000 册。不幸当年发生火灾，该馆藏书几乎尽遭焚毁。之后州议会决议拨款重建馆舍，加之校友的捐赠，至 1775 年，哈佛图书馆才恢复了旧日的馆藏。

其他学院图书馆的建立和初期发展，也与书籍的捐赠息息相关。1700 年，11 位牧师组织学会以筹建耶鲁学院。他们每人捐书若干册，耶鲁学院及其图书馆才得以建立。1717 年，牧师伊利胡·耶鲁（Elihu Yale）向图书馆赠书 300 册。该学院定名为“耶鲁”，就是为了纪念这位牧师。1705 年，当威廉玛丽学院图书馆的藏书被大火烧去大半后，弗吉尼亚州州长斯巴特伍德（Alexander Spotswood）于 1742 年向该院图书馆捐赠图书 200 册。两年后，该院院长、牧师布莱尔（J. Blair）逝世，其私人图书馆并入学院图书馆，使图书馆馆藏有所恢复。此外，其他几所学院图书馆也曾获得来自各方面的捐赠。

（摘自金旭东、李国庆、李海鹏主编《21 世纪美国大学图书馆运作的理论与实践》）

图书漂流——分享阅读 分享快乐

◎ 刘 鑫

图书漂流是当下一个充满浪漫、神秘、美丽色彩的时尚名词。图书漂流的方法来源于中世纪开始流传的漂流瓶，人们往往把重要信息、衷心祝福或者真诚期待的纸条塞进漂流瓶里，因此，图书漂流也成为人们穿越浩瀚人海、芸芸众生传递阅读感想、进行思想和文化交流的重要手段。图书漂流的活动始于20世纪60年代的欧洲，书友们将自己不再阅读的书籍贴上特制标签、字条，投放在公园长椅、街边咖啡屋、科技馆长廊、公交站台、图书馆楼梯等公共场所，无偿地提供给拾取的人阅读，拾取人阅读完毕后再一次以相同的方式将此书投放到公共环境中去，与书友共同分享阅读同一本书的感想与喜悦。因此，当你在公共场所无意间拾到一本附有“我是一本漂流书，我不属于任何人，欢迎您来阅读我，读后如果喜欢我就请帮助我继续漂流”的字样，请不要惊讶，这就是一本正处于漂流期间的图书，而你已成为这本漂流书的“中转站”。

图书漂流就是图书在素不相识或素未谋面的人之间进行传递、阅览，让不同的人因书而结缘。它的主要目的是让一本图书通过不同的读者，来营造一种全新的阅读、学习氛围，尽可能地发挥书籍自身潜力，以最大限度实现知识资源共享。互联网的出现加速了图书漂流活动的普及，2001年3月，在美国堪萨斯（Kansas）市附近的一个小村庄，罗恩·霍恩贝克（Ron Hornbaker）开始创办世界上第一个完全免费的公益性图书漂流网站（http://www.bookcrossing.com），该网站于2001年4月17日开始正式运行。从此，图书漂流活动得以迅速发展，在短短几年的时间内，这个图书漂流网就已有近57.5万名会员，已注册漂流书籍近410万册。中国的图书漂流网（http://www.tspl.cn）创设于2005年3月，创办者罗欧（Laow）和珍妮（Jane）在去瑞士旅行中，在路泽恩（Luzern）狮子纪念碑前无意中拾到一本漂流书，于是受

苏州图书馆图书漂流站部分图书
苏州图书馆提供

其启发，回国后创设该网站。图书漂流因为有了网络和更多喜爱读书的人的参与，开始跨出城市和国家的界限，通过漂友邮寄或是旅行，将漂流书从一个城市带到另一个城市，从一个国家漂流到另一个国家，图书在全国和世界范围内美丽地流动，不仅滋润着文化贫瘠的土壤，更在分享着彼此的惊奇与快乐。

图书漂流是读书人之间进行的一种“阅读接力”，是一个新的阅读方式，同时也是对人心灵的一种考验。读书人在图书漂流过程中不仅传播着知识、分享着漂友的阅读乐趣，还在传递着彼此的真诚、尊重与信任，传递着个人的道德素养与精神文明。因此，可以说，图书漂流的实质是以书交友、分享知识、体验阅读快乐的过程。投漂人怀着自由、开放的心态把书籍投放到公共场所与人分享，受漂人在漂流的过程中充分享受书籍本身的魅力和来自他人的信任，漂友通过上网注册漂流书或是通过书中预留的空白纸签自由地进行探讨。不同的人因为一本书而结缘，不同的思维因为一本书而引起火花碰撞，这就是图书漂流所追求的真谛，图书漂流让智慧和思想在不同人的心底回响。

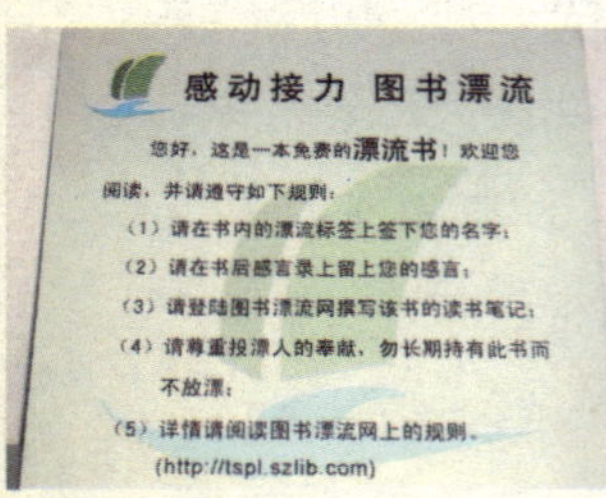

图书漂流站的简单规则
苏州图书馆提供

2005 年 4 月 23 日“世界读书日”，中国图书馆学会联合国家图书馆、作协和湖南卫视等单位，在中国国家图书馆举办了主题为“阅读丰富人生，共建和谐社会”的阅读推广公益活动，国家图书馆启动“春天漂流书”活动，通过不同的形式，放漂带有特殊标志的图书，至此拉开全国图书漂流活动的序幕。现在已有上海、大连、萧山、苏州等地开启了酝酿已久的图书漂流活动，全国也有不同地点的图书漂流角和漂流站。这些漂流活动，让更多的人享受图书漂流的乐趣，分享阅读、分享知识，更在体验愉悦。

让图书漂流起来，让每个参与者都在书上留下自己的一缕馨香，让社会每个角落都漂流书香、传播知识、传承文明、共享美丽。

知识因传播而美丽，阅读因分享而快乐。□

阅读因分享而快乐
刘鑫制作

买便宜书的方法

◎ 高　清

面对越来越贵的书籍报刊，如何能够既看到自己心仪的书刊，又不用花上大价钱去购买，我个人认为常上图书馆是一个好方法。另外，掌握一些淘书的方法也能省下不少开销，只要建立起书不在于新旧，只要是好书就可以的观念，淘书自能成为一种乐趣，一种“发现”的乐趣，也能帮助我们找到便宜的好书。

1. 多逛逛各类书展书市。各地都会经常性地举办一些书展和书市，抓住这种机会，应该能够买到一些比较中意又便宜的书籍。例如在北京某书市上，全国有500多家出版发行单位、上千个书摊聚集在这里。“五折”“七五折”“八五折”——大大小小的简易海报张贴在一个个只有三四米宽的小门脸上，“打折”声成了整个书市上叫得最响的声音。销售人员介绍：“眼下文化类图书的成本是四折、科教类是六五折以上，出版社在书市上新书卖七五折、旧书卖五折，根本不赚钱。而旧书一般都是大书店退给出版社的破损书，大书店不可能打折销售，只能拿到书市上甩货。”其实，从小书店到大出版社，他们贱卖图书的目的大多相同，一是薄利多销，二是清库存，三是推广新书。为了在规模庞大的书市中淘到既便宜又心爱的好书，网友们也总结出了一套淘书宝典：

（1）如果仅仅想买畅销书，不要头几天去，一是人太多、太拥挤，二是价格相对不便宜；各家出版社和书店的畅销书一般都实行按需分配，分批上货，所以即使最后一天也会有货。

（2）只图便宜的书虫建议最后两天逛书市，一些新书能降至8折或者更低，很多特价书都撮堆卖，但是也可能很多好东西都被淘走了，或者剩下品相不好的书。

（3）最靠前和位置最明显的摊位书的售价往往相对较高，而越靠里、位置越偏僻的摊位则售价相对低很多，建议多摊位挑选，横比差价。

（4）购买高定价的打折书要慎重，有些摊位以 1 折左右折扣销售定价几千元的图书，但是这些图书有的定价本身就不合理，有的市面的旧书店就可以买到，价格也不贵。

（5）一些出版社和书店虽然已经定好了折扣，但是买书的时候还是要再问一下能不能折上折，如果买的多很可能会更便宜。

2. 多逛逛各地的古旧书店、旧书摊、过期杂志店甚至废品收购站。在这些地方能够淘到的书通常更为价廉物美，虽然多为旧书，但有的书品相很好，甚至于是市面上很难买到的适合珍藏的书刊都能淘到，但价格通常只为新书的几分之一，非常合算。像苏州的古旧书店很有可能淘到一些便宜的好书，还有如成都做旧书生意最久的淘书斋以及星期三、星期天上午的草堂书市，只要赶得早，就有可能觅得好书；重庆菜园坝书刊交易市场，新书都有折扣，一般的书都是七五折；更像是市场而不像是书店，可以像在菜市场买菜一样地买书。另外还有菜园坝火车站珊瑚地下城和中山三路 26 号（原两路口富安百货旁）新华书店特价书店；上海久负盛名的新文化服务社九华堂书斋，坐落于瑞金二路 410 弄的深巷中，而古月书店位于国权后路 23 号。

最近几年还有新冒出来的布满大街小巷的过刊折扣点，以极低廉的价格销售过期的期刊，更是期刊爱好者们的乐园，1 元、2 元或者 5 元的价格与动辄一、二十元的新期刊的价格相去甚远，且也不比新期刊会晚几个月，很适合淘一些时效性不是很强的期刊。

废品收购站，虽然一般人很少愿意打交道，但在那里有很多有收藏价值的旧书，都是论斤收购的“废品”。到书店买一本新书要花十几元钱，而到废品收购站买一斤八九成新的书却只需要两元钱，如此物美价廉让“淘书一族”乐此不疲。虽然淘书的成功率小一些，但一旦淘到的话，是很给人一些惊喜的，某位朋友就曾与一些收购者谈好，请他们帮忙留意旧书，某一次，一个收购者帮他搞到了一大批十几年前的《读书》杂志，按每本一元钱悉数买下，他发出感叹“赚大了，这些书在市场上是有钱都买不到的古董啊”。还比如在济南东关大街上的一处废品收购站内，家住附近的赵先生翻到一套老版本的《三国演义》时兴奋地喊出声来。按照废品收购站给挑书者定的每公斤 4 元的价格，赵先生只花了 6 元钱就将这些书抱回了家。

3. 通过网络购买打折书。网络可以说是购买便宜书刊的最佳途径，只需点点鼠

被称为“天下旧书之都”和“世界第一书镇”的英国小镇海伊

海伊的发展离不开一个人，那就是理查德·布斯(Richard Booth)。布斯年轻时就迷恋藏书，1961年他从牛津大学毕业后放弃了在大城市发展的机会，不顾家人的反对选择了乡村生活。他产生了把海伊建成“书镇”的想法，在他的说服下，家乡的乡亲们相信了他所说的旧书能繁荣小镇经济，他们从世界各地把书运到海伊来出售。布斯的设想变成了现实。现在，这个只有1000多人口的小镇，拥有数十家书店，10英里长的书架、100万册图书和50万人次的年访问率。

标，便能以比较少的费用购买到甚至是直接看到自己想要的书刊。

(1)通过卓越、当当等B2C网络书商。卓越和当当是比较早的两家网络书商了，信誉比较好，也经常会有促销活动。目前两家的主营业务都已不再是书刊独当一面，当当网更是利用拥有做C2C的基础在进一步向C2C迈进，虽在短时期内还是较难撼动eBay易趣和淘宝的主流地位，但将使C2C的竞争局势更加残酷。

卓越网：www.joyo.com

当当网：www.dangdang.com

(2)通过淘宝、易趣等C2C网络平台。淘宝、易趣应该算是现在较大的C2C网络交易平台了，除了各种各类的商品，书刊也是其中的一个重要组成部分，除了个人销售其闲置书刊，也有书商会在这些平台上开店，通常也卖的是折扣书，而在个人闲置的书刊里更是能找到一些市场上已经找不到的珍品，价格也是非常合理。

淘宝网：www.taobao.com

易趣网：www.ebay.com.cn

(3)其他由淘书者们自建的交易交流网络平台。这些平台与淘宝、易趣类似，但因为是由网友们自行搭建，因此在诚信交易上不如淘宝和易趣，需要有一个自我判断是否值得交易，因此笔

当当网首页

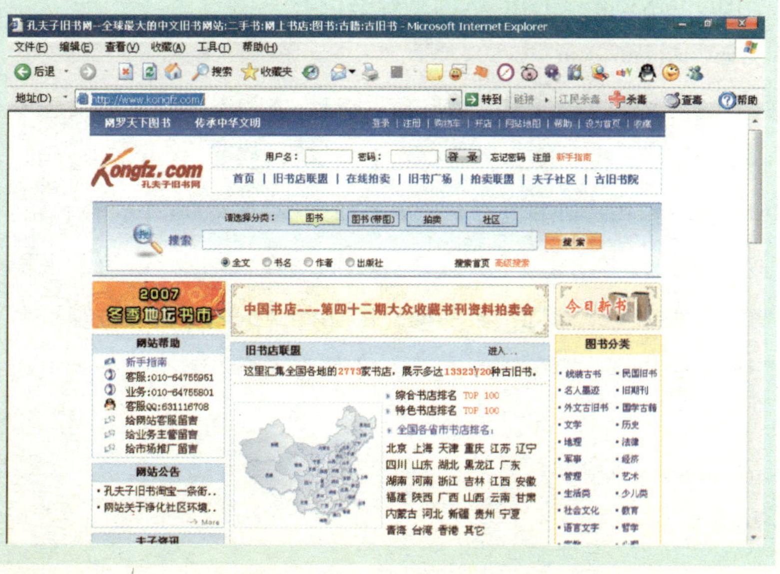

孔夫子旧书网

小贴士：

我的读书笔记：一本舍不得读完的书

我曾经至少买过四本《所罗门王的指环》，可如今，我的书架上却一本也找不到了。这也怪我自己，当客人们问起有什么好玩的书值得一读时，我总是忍不住向他们推荐这本书。

这是一本关于动物的有趣的书。作者劳伦兹不仅是位诺贝尔奖获得者，同时也是一位风趣幽默的人。他和他的妻子都是研究动物行为的专家，他们在家里养了许多动物，包括一些凶猛的大动物，在他们的孩子还小的时候，他们俩因为要外出工作，担心家里的孩子受到大动物的袭击。于是，他妻子居然想出了这么个办法，就是制作了一个大笼子，把孩子关进笼子里。讲到这段故事时，作者在书旁绘了一幅线条简单的插图，画上有一个大笼子，不过笼子里关的可不是动物，而是一个小孩子，笼子外面有一只猴子，正在给笼子里的孩子递一只香蕉。与今天咱们在动物园的看到的情形完全来了个人与动物的大换位！

书中这样有趣的故事还有很多，时常令我捧着书忍不住大笑出声来。当看了过半时，我不舍得继续下去了，担心一口气读完后再没有什么好想头。所以这本书至今我也没有读完。也许我该去再买我的第 5 本和第 6 本《所罗门王的指环》。而且，也许王媛师妹说得对：下次你向别人推荐图书时，不要选择在自己的书架旁，而应该在书店里。 (邓咏秋)

者推荐最好是同城交易，或者谈好后利用淘宝等中介平台进行交易。但也正因为是由网友自发组织的，书的价格更是平易近人，而且好书也不少。

孔夫子旧书网：www.kongfz.com

若想淘到好书，不妨去“孔夫子旧书网”逛逛。这是一家由全国众多旧书店形成的全球最大的中文旧书网站，汇聚了各种各样的书籍，价格低廉，且有不少好书。而且旧书网上卖的也不全是旧书，新书也占据了很大部分。截至 2006 年底，网站的“书店联盟”拥有书店 2000 多家，图书 500 万之多；网站“在线拍卖”区每天平均有 1800 多件图书拍卖，“拍卖联盟”则汇聚了如嘉德、海王村、博古斋等中国知名的拍卖公司；“夫子社区”则聚集了 16 多万名网友，论坛每天有近万个帖子的发言和讨论。

淘书网：www.taoshuwang.com

淘书屋：www.taoshu5.com

(4)免费或者收费的电子书。这可以说是最经济实惠的看书方法,像现在不少图书馆都开通了数字图书馆或者提供电子图书服务,只需支付少许的费用或者不用支付费用就能看到以几十万册计量的电子图书,非常适于习惯使用电脑的朋友们。比如苏州图书馆就对本馆借阅证的持有证免费开放30万册的电子图书,而无须支付额外的费用。

另外,要提醒大家注意的是,千买万买,千万别为了贪图便宜而买盗版书。虽然目前我国的版权相关法规还不够健全,一些读者还没有树立应有的版权意识,政府部门打击力度不够,正版书价格过高,使盗版书、盗版光碟等很容易有滋生的土壤。但盗版书在纸张、印刷、校对等方面存在着严重的质量问题,对于读者来说,如果初次欣赏名著就是看盗版书的话,其间的错误肯定会误导读者,非但不能受益,反而会误入歧途。更为重要的是,盗版书减少了图书出版者的合法销售所得,侵犯了图书出版者的专有出版权,侵害了作者及正版出版单位的知识产权,属于违法行为。盗版书是制售假冒伪劣行为在知识产业里的具体表现,我们既然不能接受药品、食品等大众日常生活用品方面的制售假冒伪劣行为,就更不能容忍迎合盗版书的猖獗,还请大家共同抵制盗版书。□

小贴士:

卖书自买

一西人爱书成痴,有钱必买书,竟至倾家荡产,无奈将自己的部分藏书送去拍卖。他去现场观战,坐立不安,心如刀绞,半路上溜了出去。一会儿,拍卖会场杀出一新买主,勇猛竞价,每本书都志在必得,满场惊愕。此新买主不是别人,正是那书痴。他自己化装一番,换了个假名,拼命要买回自己的书。

买书记

◎ 祝兆平

我买书，一看作者姓名，二看书中内容，三是看书后价格。比如前不久在苏州一家书店淘到一本黄裳的《前尘梦影录》，“文革”时他家所藏两千多册心爱的书被抄后，他穷极无聊时凭印象将那些被抄走的书的有关版本及得书经过的情况一本本地回忆记录下来，遂成此书。其书内容丰富，且文笔精简神畅，看了内容，我习惯地翻到后面看版本价格，一看，还是 1987 年的第一版，共印 1000 册，名副其实的珍本。大 32 开 300 页，价仅人民币

热闹的书店
苏州阅读节办公室提供

两元陆角。当即拿下，而营业员告诉我此乃架上最后一本书了。

书店的小猫，让来到这里的人们心情更愉悦。
王媛摄于单向街图书馆圆明园店

在上海，我有一次慕名去成都路旧书店淘书，看到一本上影老美工师韩尚义的谈艺录《电影美术散论》，其中文章皆积多年学术经验而成，有观点、有内容、有文趣。我对画家的文字作品一向很感兴趣，譬如黄永玉的诗集《曾经有过那种时候》、散文集《太阳下的风景》、刘海粟的《存天阁谈艺录》、吴冠中的《风筝不断线》等。但这一本已很旧，一眼便知是旧书，不过想到旧书旧价并不吃亏也就心理平衡了。再翻过看原价，才一元，正待付款，收款员拿过书说，卖两元的，你看有字。我一听傻了眼，心想我淘旧书店也算有点资格了，只有旧书原价上打折扣的，从未闻有在旧书(非古籍)价上涨一倍的道理。但细看，书后果有一橡皮图章打的价格：二元。收款员告诉我，如果这本书现在重版，同样开本同样页码，起码得卖四元钱一本。我当然领略市面行情的，听了觉亦有理，就掏出二元钱拿了书出门去，只是感到如今旧书店的算盘打得越来越精明了，竟能在市价与旧价之间将人的心理状态都计算了进去。

再譬如三联书店印出的书一向是不差的。前些时候，苏州开书市，我看到几本1987年版的读书文丛，其中有陈平的《书林漫步》、舒芜的《书与现实》、朱虹的《英美文学散论》等，我几乎见一本拿一本，名人不说，书的内容好，价格也便宜。这种旧价新书，比在上海那家旧书店买旧书的价格还便宜得多。这几天正好出差来上海，在新华书店见到了王蒙的《红楼启示录》，一翻，发现有些章节已经在一些刊物上拜读过，虽然知道此评“红”的角度独特，堪称一本文人评“红”的佳品，可惜刚刚从苏州书市上来，同样三联版的开本都一样，书的内容也都极好，价格却比我几天前在苏州买的同样厚薄的书要贵三倍之多，反复犹豫，斤斤计较，心

用现代印刷技术复制出版的线装书，带给我们一种回到古代书香之家的感觉。
北京图书馆出版社提供

里权衡书虽好，却并不十分急需，于是只好依依留别此书，心里却希望着不久能在旧书店里买到一本七折的此书(恕我对大家的不够恭敬)。但不久我即发现我错了，因为这本书很快就脱销了。再到很多家书店去跑，包括过去去过的那一家，也早就脱销了，心里就越是懊悔，越是想要觅来这本书。结果还是从《读书》月刊上看到了邮购书目，才多花了15%的邮寄费，从千里之外购来了这册书，了却了一桩心事。不然就将一直懊悔下去，不知要何日才能获得。从此再次痛下决心，只要遇到心爱的书，再也不能因为价格问题而因小失大了。至于如何掌握原则，就请诸位读者用心去体会吧。

当然，我也有买书不问价格的时候，例如我最近去南京东路新华书店二楼，在外国小说专柜上见到了人民文学出版社的精装版的“外国古典长篇小说选粹”，其中有哈代的《德伯家的苔丝》、陀思妥耶夫斯基的《罪与罚》、罗曼·罗兰的《约翰·克利斯朵夫》、霍桑的《红字》、塞万提斯的《唐·诘诃德》等，封面设计淡雅高贵，一下子使我回到了二十年前的记忆中。那时，我有着极强的读书欲，却身无分文，别说是买书，就是借来看的名著也都是破旧不堪的，但就是这些书陪我度过了一生中最为灰暗、最为压抑、最为痛苦的一段日子，在那段日子里给了我无穷的温暖和欢乐，给了我知识和力量，给了我做人所需要懂得的一切；是这些书帮助我走出痛苦，走进大学，走上社会；这些书与我有着别人无法理解和体味的情感丝缕。我不知什么时候掏出了囊中所有，将这些早已读过的精品名著抱去了许多。到底为什么这样做，我当时一点也没有想。现在想一想，与其说那是买书，不如说是为了寻回一段自己过去的梦。□

西方爱书人的家庭藏书室

◎ 伍　敏

“用图书装饰一面墙壁的效果远胜于用涂料粉刷的效果。”

——藏书家罗杰·罗森布拉特

在当今的中国，越来越多的新居的出现，让许多屋子的主人们开始犯难：如何来装饰自己的家呢？怎样的装饰才会显得舒适而又有品位呢？其实，有着文化象征的书籍就是最有用的装饰品。有人说：书是生活的中心，书房是住宅的心脏。能拥有这样一个营养的源泉、舒适的领土、避风港、品茶谈话的场所、思考和阅读的空间，谁不感到厚重而又惬意呢？

一次偶然的机会，我在表姐家阅读到这样一本书《At Home With Books》（《坐拥书城》，[美]埃斯特尔·埃利斯、卡罗琳·西博姆著；[美]克里斯多佛·西蒙·赛克斯摄影），这本书正是一本令人惊喜、很难得的房间装饰参考书。书中采访了40位爱书人（他们从事的行业不同，但有一个共同的身份，是西方当代的大藏书家），配以300多幅彩色照片，向大家展示了他们极具个性特色的家庭藏书室。台湾著名的爱书人，《书天堂》的作者钟芳玲女士，在设计她家的书房和客厅的书架时，就曾多次翻阅过《坐拥书城》这本书。以下，我就书中的几个经典片段，来为大家展现书与家之间的魅力吧！需要说明的是，以下中文译本采用的是许欢、林芳、王媛、邓咏秋合译本，感谢她们的翻译。

随我一起走进国外的书香之家

室内装潢师、花园景观设计师戴维·希克斯是20世纪最具影响力的设计师之一，同时他也是一位爱书人，他关于家庭藏书室的设计理念很值得我们借鉴：

室内装潢师、花园景观设计师戴维·希克斯的家庭藏书室。壁炉两侧的墙上都设计了内嵌式的书架，上面陈列着红色封面的图书。

选自《坐拥书城》一书

我把家里所有的红皮书摆放在一起。我还在装订更多的红皮书，以充实这支队伍。不过，我也把所有红色封面的平装图书跟它们放在一起，这样显得亲切随意，还很温馨，特别是在冬天。其他图书的排列也是要考虑色彩搭配的，只是不那么严格。比如，我们把乔吉特·海尔（Georgette Heyer）小说（我妻子的收藏，浪漫而且轻松）的平装本和其他版本混放在一起，这些版本色调较冷，或黑或棕，也有仿古风格的。

希克斯这个房间的书架上的图书颜色一致，装帧精美。

我要把所有蓝色和绿色封面的图书整理到一起，这一工作现在还没做完。但是我喜欢永远不会结束的项目，而书房就是这样的项目。我估计我的书房里大概有两三千册图书，此外，在这栋房子的其他地方还有一些食物柜，里面都塞满了图书。有许多书是我的祖父母的，或者是我们小时候看的，当然，对这些书应该进行整理和剔除，以腾出地方放置新书。我的妻子喜欢读书，我也是一个爱书人，所以这个书房总是处在变化之中。它永远不会停歇，它是一个生长的实体。

如果一个书房在很短的时间内就配备齐全，全是机器装订的图书，我觉得那会是相当无趣的。那些新近装订的图书很难翻开，而且严格按时间顺序排列的话，它们一定会显得单调而乏味。我喜欢在一本维多利亚时代的图书旁边放置一本比亚兹莱的《黄皮书》，在《黄皮书》旁边放置一本现代图书，在现代图书旁放置一本小牛皮封面的古书。书房的妙处便在于此。

西方爱书人的家庭藏书室
选自《坐拥书城》一书

我们的白色、线装和奶白色图书，以及我们所继承的一些古旧图书都收藏在楼上我的卧室里。我当时就想，何不把所有这些书集中在一起呢？它将会产生一种有趣的效果，当然，结果正是如此。我喜欢在这个面朝花园的房间里醒来，视野里满是图书。

对于设计一个书房来说，我认为家具和室内陈列品不应该抢占图书的风头。是的，书房必须要有两把舒适的椅子，好的照明也是必不可少的——光照不能太强，那对书籍有害。我喜欢把书籍尽可能摆放在房间的四面墙上。当然，如果在一个非常小的空间里，这方法行不通。我想，电话机和传真机是现代书房的一部分。我不喜欢把家弄得像办公室一样，不过，如果能够做到不那么引人注意的话，我们可以把这些设备安放在书房里。我打算弄一张裙裾低垂的桌子，让我的传真机藏在下面，这样它就更不会显得突兀了。

怎么样，用书来装饰家庭很有意思吧。然而书毕竟是让人们来看的，所以在用书布置家庭环境的同时，我们应该更注意书的摆放方式。

不同的房间摆放不同的书

把书籍摆放在哪里也很重要。要考虑书籍与房间功能之间的关系。图书具备好几种功能，需要时它们应该手到擒来。例如，参考书放在尽可能靠近书桌的地方，正在阅读的书放在安乐椅或床头几上。

如果客厅里有书架，把图画书放在那里是不错的主意，这样客人可以取阅，在他们浏览这些图画书时又不至于太投入而错过了客厅里的谈话。文学书籍需要人们集中精力去看，因而在像客厅这样的交流环境里，不适合摆放它们，倒是放上一些外行人称为“非书”的书籍要好得多，这些书不是用来阅读的，它们有着精美的包装、精致的印刷工艺、大幅的美术和摄影作品，文字很少或是没有文字。

实用类书籍的摆放位置显而易见；食谱放在厨房里，园艺书籍放在花园的入口处。客房的书架上则需要多放些书籍。从主人的藏书中精心挑选出来的书，会让客人感到十分亲切舒适。大众图书、文选、短篇故事、新奇物品以及儿童图书，尤其适合摆放在客房里。

总之，就是要把书归类放在自己认为适合的地方。这样不仅能节约找书的时间，也打发了自己空闲的时间。

藏书家杰克·勒诺·拉森同时也是一位知名的纺织品艺术家和环境设计师，他认为：“书籍是吸收光线的，如果把书籍摆放在房间里，房间会更暗更杂乱，我想要突出的物品也会埋没其中。走在两边都是书的长廊里，我觉得那感觉是很幽深恐怖的。”“如果只在走廊的一边摆放书籍，书便于取阅，走在其中还可以顺便看看书，也很惬意。这样就充分利用了走廊的空间。”

书的摆放要有规律

一旦你把书籍分放到各个房间和书架上，就务必把它们排列整齐。如果字顺排列法不合适，你可以自创一种排序的方法，然后观察它的效果如何。

有些主题的书籍可以用字顺排列，例如小说。文学作品通常可以按书名进行字顺排列，但当其他作品牵涉到它时则可另当别论。比方说，关于某位作者的文学传记或评论，可以和该作者的作品、诗歌以及其他文学作品混排，并按时间顺序排列。

说到如何排列书籍，藏书家尼尔·史密斯的想法非常独到。“对于如何摆放我的书籍我是很挑剔的，”他承认，“我喜欢书籍齐刷刷地摆在书架前面，不喜欢它们凹进去。我按主题排架，而不是按作者。虽然我不是一个条理性很强的人，但我清楚地知道每样东西放在哪里。”

迈克·奥卡·多纳又是这样排列书籍的：“我并没有按照正常的分类来组织，而是按照地域分类的。第一个区全是有关东方艺术和文化的，另一个区用来保存有关西方文明和前哥伦比亚时期的书。有关文学、诗歌、语源学方面的书籍放在八英尺高的书架的最顶部。最新的一个区将会留出空间给艺术史、设计和摄影，因为我现在做的事情非常需要研究公共空间、城市规划、建筑和自然等领域的艺术。”“找书时，我并不需要借助电脑。它们全在我心里，我可以在两分钟内找到需要的书。”

要适当剔除没大用的书

另外，可以适当地考虑把那些自己认为没有用的书或者是别人喜欢而自己不太喜欢的书剔除掉，因为自己家里放书的空间是有限的，而长年累月的积书会让自己觉得再也没有地方容纳它们了。记住，清理书房是一个持续的过程。每年你都有新增加的书籍，每年你都该对你的书进行再评估。

小贴士：

把书放到孩子的手心

托妮·巴泽欧是美国一所小学（附设幼儿园）的图书馆员。她曾经接待过这样一位小读者，是个还在上幼儿园的孩子，她的母亲是一个聋人，小女孩来图书馆查找《世界图书百科全书》光盘，要求打印其中手语方面的资料。不过，小女孩声称她对读书并无兴趣，尽管如此，巴泽欧坚持在小女孩每次来图书馆时，递给她一两本自己认为小女孩会喜欢的书。然而，每次小女孩把书还回来时，的确都没有阅读过的痕迹。

日子就这样一天天地过去了，巴泽欧仍然坚持那样做。一直到小女孩上五年级的某一天，她带着一本巴泽欧推荐的书《魔法灰姑娘》来到图书馆，她没有像以往一样把书直接还掉，而是走到巴泽欧面前，激动地说她非常喜欢这本书，并且还要续借这本书以便继续阅读。巴泽欧非常惊讶地问：“是什么让你变成了一位爱书人？”小女孩说：“正是巴泽欧夫人您啊，因为您这几年来，不断地把书放进我的手中。”这是《图书馆这一行》（［美］劳拉·凯恩著）中记述的一则真实的故事。坚持数年“把书送到读者的手心里”，结果培养出一位爱书的读者，这种执著的精神让我感动良久。培养爱书人需要家长、老师、图书馆和社会各界的执著。（邓咏秋/辑）

西方爱书人的家庭藏书室
选自《坐拥书城》一书

如何处理我们剔除掉或是想扔掉的书籍呢？旧书可以卖给旧书商，或是捐给教会、慈善机构、医院、监狱、学校、图书馆。如果你把书捐给慈善机构，记得把书的书名、作者和价格记下来。在美国，有鼓励捐赠的政策，人们把图书等捐赠给学校、图书馆等非营利团体，可以抵消一部分个人所得税。如果你认为想要丢弃的图书不值得理会，那么把它们放在街道边上吧，几天内它们自会消失。

“有许多书是我的祖父母的，或者是我们小时候看的，当然，对这些书应该进行整理和剔除，以腾出地方放置新书。我的妻子喜欢读书，我也是一个爱书人，所以这个书房总是处在变化之中。它永远不会停歇，它是一个生长的实体。”戴维·希克斯说到过。

迈克·奥卡·多纳又作过这样的补充：“我时常检查我的书房。有些书保留，有些书就送给那些无法负担昂贵图书的朋友、家庭和年青人了。所以，书房一直在发展。它就像一个生长着的有机体。”

合上《坐拥书城》这本书，我心中对那些美丽的家庭藏书室仍感到恋恋不舍。在那些家庭中，书籍不仅美化了主人的起居环境，而又为主人读书提供了方便而美的空间，我们为何不能多加效仿呢！朋友们，发挥我们的创意，用书来把自己的房间装饰得富有个性而美丽舒适吧！□

怎样用书装饰你的家

◎ 邓咏秋 编译

一、确定一下你需要多少个书架

你需要多少个书架?这一方面取决于你的藏书的规模,另一方面,也取决于你的藏书生涯所处的阶段。对于一位已经花了一辈子时间收藏了大量图书,并且也不打算继续收藏更多图书的人来说,他不需要为未来预留大量的空间;但对于一个刚刚开始藏书的新人来说,情况就完全不同了。

书让家庭更加温馨

不妨用下面的方法来计算一下，你到底需要多少个书架？

• 书架的每一纵尺（约30.5厘米），大约可以放8—12本中等大小的精装硬皮本小说（或大小大致相似的图书），或6—8本大尺寸的硬皮小说（如工具书、大部头历史书、艺术类著作）。这主要是基于西方图书作出的估算，中国图书以平装本居多，据译者在自己书架上粗粗测量的结果，每30厘米的书架大约可以摆放16—20本平装书。考虑到是否有特别薄或特别厚的书，及其数量，然后对书架数量作微调。

• 每一格的长度：为防止书架隔板下沉，在两个支撑板之间的每一格不能长于40英寸（约合102厘米）。

二、决定哪种书架的风格适合你？

书架可以用各种木料来做，从最轻的白蜡木（ash）到最重的红木（mahogany）。涂上油漆会让你的书架与房间中已有的木质家具更加和谐——或起到突出的效果。要决定书架的最佳式样，还需要考虑房间全局的装饰以及各个屋子的建筑风格。可以带着数码相机去参观家具展间，或查阅装饰类的杂志，把吸引你的图片和情景记录下来。

• 嵌入式书架给人一种经典的感觉。

• 独立式书架用途最广。

• 带角的书柜特别适合具有现代风格的家里。

• 富丽堂皇的古董书桌（上面放有书架的写字桌）特别让人想起古代欧洲的老宅。

• 金属书架符合现代风格的家。

三、在何处摆放书架最合适？

站在房间的中央，环顾你的四周。是否有一个地方，如果摆放一个书柜或嵌入式书架，看起来会显得很自然？也许在壁炉旁已经有一个壁龛了，或者有一个未得到充分利用的角落，或在两条门之间有一块空余的地方。墙上的空间若是足够宽广，最适合做成嵌入式书柜或设计一组独立式书架。几乎任何一个安置书架的方法都可以考虑，只要不把书放在离暖气、空调、直射的阳光太近的地方就行。

四、怎样安排一层书架?

图书呈现在书架上的风格,取决于屋主的个人品位以及住宅的整体风格。那些比较有现代感的主人常常喜欢整齐的一行一行的书架,或一组书架,上面间或摆放一些雕塑品。另外一些人则喜欢把图书、家庭相片和藏品精心组合,摆放在一起。考虑一下布局吧: 用一个相框或一个可爱的花瓶把一行长长的书架分隔一下,把一个你最喜欢的物件安插到你的一小架图书之上,或按图书的颜色不同把它们聚合在一起。任何一种令你的眼睛感到愉快的陈设方式都是可以接受的,只要你在需要某本书的时候能找到它就行了。

五、安置艺术品

有多种方法可以让你的小型雕塑、带框艺术品(画、印刷艺术品或照片)与你的图书和谐共处。小尺寸的艺术品可以用来填充图书之间的空隙。你还可以把书架上的一层不放书,留出来专门摆放艺术品;对于高尺寸的艺术品来说,需要两至

小贴士:

爱书的"雅贼"

为了得到一本书,人们拼上自己的财产、绕着地球作长途旅行、虚情假意地套近乎,甚至不惜说谎、欺骗、偷窃……

——罗森巴赫(A. S. W. Rosenbach)

美国有位著名的偷书狂,名叫布隆伯(Stephen C. Blumberg)。在20世纪70–80年代,他的偷书足迹跨越美国的45个州、哥伦比亚特区,以及加拿大的2个省,从327个图书馆或博物馆盗取了23600本珍贵书籍和手稿,价值约2000万美元,这些图书重达19吨。他偷盗了这些图书之后,将它们分门别类,放入自己的藏书室。美国联邦调查局(FBI)清查了他在爱荷华州的住所,用了879个纸箱才搬走所有的藏书。可笑的是,他为自己辩解说,他之所以偷盗这些图书,是因为它们的主人对它们太漠视了。这位爱书的"雅贼"最终被判处六年有期徒刑。 (邓咏秋/辑)

西方家庭藏书室样板间

三层的书架空间。雕刻品也可以陈列在书架顶上，带框的艺术品可以直接悬挂在书架前面。虽然这些框会遮盖其后一些图书的书脊，但是这些用挂画绳（picture wire）悬挂起来的艺术品很容易移开，这样便可以查看后面的图书了。

六、藏哪些书？怎样获得？

许多人会在一生中收集成百上千册图书；藏书家不是简单地从这儿或那儿获得图书而已，而是积极地为他们的藏书室搜罗新的品种。在藏书之初，应该根据你的兴趣、需要、能力确定你的藏书范围和重点。对于藏书家来说，不论他们的兴趣是在现代的初版书，还是某一特定作者的图书，或一个特定主题的图书，比如少儿读物或电影类图书，他们总是尽其所能以收藏此类更多的图书。对于初进藏书这一行的新手来说，去阅读藏书指南一类的图书资料是很好的。为了查找稀本书或绝版书的下落，你应该去一些书展和书市上看看；或经常去找找那些旧书商；如果有些家庭举行用品出售活动（garage sale），你也可以去淘一淘；或在因特网上冲浪寻找。要勇于提问，向销售商或你的藏书同行提问，会帮助你成为你感兴趣的领域的行家里手。

七、照顾你的藏书

灰尘、阳光和潮湿是家中损害图书的罪魁祸首。玻璃门书架是防止灰尘的很好选择，收藏稀本书建议采用此选择。那些放在开放式书架中的图书应该要定期除尘，可以使用吸尘器，并用一

西方家庭藏书室样板间

把柔软的刷子擦拭图书的上部。为了防止图书褪色,必须把图书放在阳光直射不到的地方。不要在书架上把图书堆放得太紧。要把它们放在远离暖气和空调的地方。对于那些容易破碎的书,你可能需要聚酯薄膜书套以达到保护的目的,这种书套可以在艺术品商店买到。最后,如果你需要图书修护方面的服务,到当地的博物馆或历史学会,可以找到你附近的装订商或图书修护师的名字/地址。不过在中国,这种服务还不够发达,除了去寻一些小型装订厂以外,还可以去咨询图书馆的古籍部门或其他相关部门以寻求帮助。

八、组织你的藏书

不同的人有不同的方法来组织他们的藏书。有些人按作者来排列,有些人按主题,有些人按书籍大小来排。任何一种方法都是可行的,只要他对你来说有意义并且在你需要一本书时能比较容易地找到它。小说可以按你在人生中阅读它们的时间顺序来陈列(小学,中学,大学),然后按作者名字的字顺排列,或按它们成书的时间顺序排列。通常,这样做是不错的:把大部头图书先分成一些子类:艺术、旅游、文学;然后,把这些子类再细分成更小的子目(艺术类按艺术家分,旅游类按目的地分),或者按作者姓名的字顺排列。

九、书梯、书档和其他扫尾工作

这些年来,一些过去只是纯粹作为功能性用品的物件,已经被用来作为装饰性物品。比如,藏书室书梯,主要是用来帮助我们拿到够不着的图书的,现在有许多书梯被设计成艺术般的形式,使房间增色不少。看书架(bookstand,一种供放置摊开的书的架子),过去摆在书房桌子上面,以便学者可以打开某页书,同时沉思默想,现在它们常常被摆在餐具柜或门厅桌子上,以增强一种美感。地球仪、放大镜、书挡,等等,这些有用的物件现在都变成了藏书家精心收藏和安置的藏品。看起来,只要多花点心思,美化生活的细节和方法是无穷无尽的。□

注:本文译自《用书装饰你的家》(House Beautiful: Decorating with Books),作者:Marie Proeller Hueston,纽约:Hearst Books 公司于 2006 年出版。本文中的插图也选自这本书。

分享阅读心得 获得心灵愉悦

◎ 蒋蕾静 王日花

阅读本身就是一个分享的过程，将作者的思想分享给读者，从而引起共鸣，这种共鸣可以超越时空的限制，在读者与作者之间形成默契。然而，由于阅读中信息传递的单向性，使得读者无法向作者反馈其心得。对于读者来说，找到一些志同道合的朋友，分享阅读心得是提高阅读兴趣，开阔视野，获得心灵愉悦的重要方式。

在网络发达的今天，信息分享已经不是问题，传统的读者俱乐部有全球化发展的趋势。人们有更多渠道表达自己的思想，更多途径分享别人的感受。Web2.0 的蓬勃发展也为这种分享提供了一个全新的平台。本文将从传统方式和网络环境下出现的新方式，来谈谈如何找到爱书的朋友，分享阅读心得。

根据哈佛大学心理学教授 Stanley Milgram 的六度分隔理论，在人脉网络中，要结识任何一位陌生的朋友，中间最多只要通过六个朋友就可以达到目的。随着每个个体社交圈的不断放大，最后成为一个大型的社会化网络（SNS）。

对于我们想寻找到志同道合的朋友，分享阅读心得来说，六度分隔理论是令人振奋的信息。理论上讲，社交圈的扩大使得找到志同道合的朋友并分享心得的可能性更大了。在这种理论的指导下，与人分享心得并不是一件难事，然而，通过什么渠道来打通这一人际链接呢？

读者俱乐部

对于读者而言，传统的分享方式是读者俱乐部，这种俱乐部通常是杂志、报纸或出版社组织的。随着网络的发展，这种读者俱乐部也有了新发展，以往仅限于书信交流，或在报纸杂志有限的版面上刊登少量读者感想的方式，已经发展成为报纸杂志组建网站，读者在网站上实时提交自己的感受，与更广阔范围内的读者进行交流。

交流
苏州图书馆提供

图书馆、书店

图书馆、书店也是读者寻找交流对象,分享感受的好地方。这些公共场所人流量大,人们有更多机会相互接触。同时,图书馆、书店还开展一系列活动,如中国图书馆学会举办的“读书节”活动、苏州图书馆盲人阅览室每周二的盲人聚会活动等等,都为读者沟通交流创造了条件。某些图书馆还专门设置了读者茶座,以方便读者进行团体讨论和交流。只要多出入公共场合,扩大交流面,总能找到志同道合的朋友,就感兴趣的书籍畅所欲言。

至于书店,由于售书的需要,举办的活动更是不胜枚举,如签名售书活动,但是过重的商业气息可能会影响读者分享读书心得的好心情。书吧是近些年来出现的新潮流,其惬意的阅读环境,吸引了不少读者的注意,这也是一个能够找到拥有共同话题的朋友的场所。

汲取
苏州图书馆提供

对于以上三种传统方式,各有利弊,总体而言,这三种方式都存在交流范围狭窄的问题。尤其是图书馆和书店,出入这些场所的读者,仅限于距离图书馆、书店地理位置较近的人群。这一限制导致人们的交流范围狭窄。读者俱乐部也存在这样的问题，但是目前建立读者俱乐部网站的方式已经成为弥补这一缺点的有效尝试。

对于生活在网络时代的人们来说，通讯技术的发展和实时交流软件的出现，冲破了信息传递和信息分享的桎梏。Web1.0向Web2.0的转变，网络从“全民用网”到“全民织网”的转变。人们有了表达自己思想的渠道，博客、BBS、维基百科、skype等交流方式渐渐改变着人们的生活方式，让人们的生活由封闭走向开放。

BBS

BBS对于每个人来说都不是陌生词汇，它通过不同的主题将信息组织起来，一定意义上说起到了知识导航的作用。利用BBS，人们在庞大的信息面前，能快速找到感兴趣的话题，BBS也通过这种方式，将具有共同话题的人们聚集在一起。BBS是个发表个人言论的好地方，很多BBS开设了读书版，为爱书人分享信息提供了平台。不过，如果读者想系统地组织自己的信息，将自己的感想聚合在一起的话，BBS就显得无能为力了。博客就很好地解决了这个问题，成为“show me share you”的典范。

苏州—新加坡阅读交流
苏州阅读节办公室提供

博客

对于熟悉网络的人，尤其是年轻人来说，博客（blog）已经不是什么陌生的词汇，它已经成为一种新的生活方式。有人将博客定义为用带着索引的文字进行对话的咖啡屋〔Rebecca Blood 著《博客手册》（The Weblog Handbook）〕。博客的简单和随意可以帮助记录下读者的每一个思想泡泡，它的链接方式是完全开放的，其他读者可以方便地找到并阅读博客，同时通过留言方式进行交流。博客本身还具有自动记录访问者地址的功能，通过此记录，博客主人对访问者的博客进行回访；在回访时，也可以看到哪些人也作出了同样的访问。实现这种功能的工具叫做 TrackBack，它可以让博客主人知道有哪些人看到自己的文章后撰写了与之有关的内容。这种功能实现了网站之间的互相通告；因此它也可以看作一种提醒功能。通过这种无意发现的方式，整个网络链接就建成了，人们从单一的互不关联的个体，连接成互相访问、了解的网络。

电子杂志

如果说博客是 2006 年互联网界的热点，那么 2007 年的热点非播客莫属。播客的出现也引发了一种新的交流方式——电子杂志。这也是读者获取信息，进行交流的途径。虽然电子杂志的出现对传统纸质期刊造成了冲击，然而它却代表了一种发展趋势。大而全、封闭的传统杂志理念受到了冲击，以电子杂志为代表的注重互联的理念越来越深入人心。读者可以通过建立自己的电子杂志，将具有相同兴趣的朋友的观点、心得、相关信息组织在一起。放在开放的网络空间上，让更多的人来浏览、发言、交流。

维基百科

相对于以上几种方式，维基百科就比较正规。由于 BBS、博客、播客、电子杂志的出发点是“show me share you”，更多偏向于表达自己的感想和体会。然而，维基百科的定位是建立一部网络百科全书。这部百科全书的不同之处在于它没有固定的编撰者，而是全靠网友自发编辑并修改内容，自发维护。每个人既可以是某个词条的读者，又可以是这个词条的编撰者。在维基百科，读者和编辑的界限是模糊的。首个 Wiki 网站的创建者 Ward Cunningham 说：“我创建第一个 Wiki 的初衷就是要建立一种环境，我们能够交流彼此的经验。”因此，维基百科也可以算作一种特别的交流分享方式。

信息推送服务

另外一种促进读者交流的方式是信息推送服务，最早由亚马逊网上书店提供，目前我国新浪读书频道、当当网、卓越网也都提供了类似的服务。系统通过读者进行的检索要求，对多次检索要求进行分析，确定读者的信息需求偏好，从而推荐类似的信息。通过这种方式扩大读者接触的信息范围，客观上也为读者找到具有共同兴趣的朋友，交流心得提供了方便。

百度知道、百度贴吧等其他方式

目前出现的其他方式还有百度知道，百度贴吧。百度知道是一个基于搜索的互动式知识问答分享平台。它并非是直接查询那些已经存在于互联网上的内容，而是用户自己根据具体需求有针对性地提出问题，发动其他用户来创造该问题的答案。同时，这些问题的答案又会进一步作为搜索结果，提供给其他有类似疑问的用户，达到分享知识的效果。因此，通过这个平台人们可以相互交流，并促使隐性知识转化为显性知识。

百度贴吧与维基百科有某些相似点。它是一种基于关键词的主题交流社区；通过用户输入的关键词，自动生成讨论区，使用户能立即参与交流，发布自己所拥有的感兴趣话题的信息和想法。这意味着，如果有用户对某个主题感兴趣，那么他立刻可以在百度贴吧上建立相应的讨论区。百度贴吧是 Web 2.0 理念的一个应用，是一种用户驱动的网络服务，强调用户的自主参与、协同创造及交流分享，因此，百度贴吧以其最广泛的讨论主题（基于关键词），聚集了各种庞大的兴趣群体进行交流。

从以上的叙述可以看出，找到爱书的朋友，分享读书心得并不是件难事。可以去图书馆、书店、书吧等公共场所，或者参加各种形式的读者俱乐部找到相同兴趣的群体，畅谈彼此的读书感受；或者足不出户，运用 BBS、博客、播客、电子杂志表达自己的思想，跟其他人进行网络虚拟交流；甚至可以通过维基百科、百度知道、百度贴吧为人类知识积累添砖加瓦。分享读书心得，获得阅读愉悦，就是这么简单！□

如何在阅读方面获得帮助

◎ 沈晓祥　李　婷

《如何阅读一本书》这样的阅读指导类图书，能帮助我们更好地阅读。

德伯里说：“书籍是培育我们的良师，无需鞭笞和棍打，不用言语和训斥，不收学费，也不拘形式。”高尔基也说过：“书籍是人类进步的阶梯。”当我们进入新世纪之时，读书不仅成为一个人修养的标志之一，也成为人们完善自我、塑造自我、提升自我、凝聚智慧的重要途径之一。阅读使人美丽，阅读使人成长。然而，在阅读过程出现的一些困难，往往会影响整个阅读过程。于是，在这一部分，我们简要提出对阅读有帮助的几个来源，供读者借鉴。

除了书籍自身之外，以下几个方面还会给您的阅读带来帮助：

一、运用导读、书评

相对于时尚、通俗读物，经典图书的阅读难度比较大，尤其是哲学类书籍，往往枯燥、深奥，令人望而生畏。这时，用好的书评和导读做引导，其深入浅出的语言，专家学者推荐的优良的版本，可以使读者更好地了解全书的写作背景、内容、观点、学术价值，甚至与图书有关的趣闻。

比如，20 世纪 40 年代，为了把青年“引到学习经典的大路上”，著名学者、散文家朱自清先生推出《经典常谈》一书。全书共有 13 篇文章，对包括《周易》、《尚书》、《诗经》在内的中国古代文学，历史、哲学经典作了深入浅出、引人入胜的解读。纵观这13篇文章，有两个共同的特点：第一，结构分明、脉络清晰。对每一部经典作品，从它的源头、发展开始介绍，并突出其特点。如对《尚书》的介绍：作者首先从"《尚书》是中国最古的记言的历史"，说到《尚书》主要内容及形式，以及《尚书》的成书过程及书名的含义；着重介绍了《尚书》流传过程中的种种遭遇；特别是"今文"和"古文"之争，最后又介绍了作者所见的最新研究成果，指出《今文尚书》也有真伪之分。第二，从习俗入手，吸引注意。从人们身边以常见现象入手，介绍它们的来源及其变化，并引出背后的理论依据，这种方式能更有效地引起读者的兴趣与注意力。如在介绍《周易》时，朱自清先从小孩的帽饰说到八卦，又从八卦最常见的避邪功能，说到看相、算命、卜课等，然后才引出讲八卦的经典《周易》。①通过阅读导读和书评，读者对作品有了一定程度的理解，增加了阅读的兴趣，阅读起原著来难度自然就降低了。

工具书能帮助我们解决一些阅读中的难题。《中国读书大辞典》提供了许多与书和阅读有关的典故、名言和知识，被称为"读书人的万事不求人"。

①沈颐. 建阅读社会，从书评开始. 图书馆论坛，2006 (2)：35-37

二、善用工具书

在读书求知的过程中，我们常常会碰到一些疑难问题，例如：某一成语或典故作何解释、出自何处？某一文学家的生平和

流动大篷车将图书送到双桥小学

苏州阅读节办公室提供

著作资料有哪些？面对这些问题，你如何寻找答案？

有的人可能会求助于其他人，有的人可能会从有关的文章中寻找答案……这些方法，要么需要花费大量的时间，要么不能保证答案的准确度，这并不是科学的方法。这时，如果你利用工具书，往往会取到事半功倍的效果。

工具书是指比较完备地汇集某一方面的知识、资料、事实，按照特定的方法加以编排，供读者检索查考的图书①。工具书具有知识性、资料性和检索性的特点，信息量大且可信度高，检索方便，被誉为是“打开知识宝库的一把钥匙”。

使用工具书，你可能要注意以下几点：

首先，你必须清楚地知道，你想弄明白的到底是什么？换句话说，你一定要对工具书提出一个准确的问题。否则，如果你只是彷徨迷失在无知的黑夜中，工具书也帮不上你的忙。

其次，你要知道应该在哪种工具书中寻找答案。我国的工具书从古到今，历史悠久，种类繁多。没有一本工具书能回答所有的问题，即使在工具书出现多元化、综合化趋势的今天，工具书也都是针对特定问题而来的。所以，在你有效运用工具书寻找信息之前，你必须要对各种主要类型的工具书有一个全盘了解。

最常见的工具书划分方法是按照工具书的内容、编制体例和使用范围来划分的，一般可以分为如下几类：

1. 字典和辞典。这是人们经常使用的最普通的工具书。它专收字词，按一定方法编排，注明读音，解释字、词意义。这类书也称字书、辞书。它包括字典、语文辞典、百科辞典、综合性辞典及不同语种的对译辞典等。如《新华字典》、《现代汉语字典》、《辞海》、《中国人名大辞典》、《英汉辞典》等。

2. 类书和政书。类书是我国古代特有的一种工具书，它是辑录各门类或某一门类的资料，按照一定方法（通常分类）编排，便于查考事物的工具书。类书按内容可分为两类。一类是综合性的，它兼收天、地、人、事、物等内容，把已有的文献资料摘录分类编排。大型类书如《太平御览》、《四库全书》、《古今图书集成》等，所收资料极为丰富。另一类是专科性的，如《太平广记》，它专收小说，把古代小说按内容分类收录。

①王余光，徐雁主编. 中国读书大辞典. 南京：南京大学出版社，1992：1005

政书是分类辑录、编排典章制度的书，是各个朝代政治、经济、军事、文化制度的资料汇编。它也分类编排。按其性质来说，实际上也属于类书的范畴。如《通典》、《文献通考》等“十通”及历代的“会要”等书。

3. 百科全书。它是以辞典形式编排的巨型参考工具书。现代百科全书扼要概述人类过去的知识和历史，并着重反映当代科学文化的最新成就。它收录各学科或某一学科的专门术语、重要名词等，分列条目，并给予较详细、系统的叙述和说明。条目释文长短不一，视具体情况而定。每条署名作者，重要条目还附参考书目。百科全书按收录范围也可分为综合性的和专科性的。综合性的如《中国大百科全书》，专科性的如《中国医学百科全书》、《中国农业百科全书》等。

4. 目录。目录是记录书刊名称、作者、出版处、出版年月等情况，并按一定次序编排而成的工具书。目录中著录书籍的如《全国新书目》、《中国丛书综录》等，著录刊名的如《全国中文期刊联合目录》等。有的目录还对所收书籍的内容进行简要评介，称为“提要”，如《四库全书总目提要》等。目录也有卡片形式的，如实行计算机管理前各大图书馆都设有卡片目录。

5. 索引。索引是将书刊资料中的各种事物名称（如字、词、句、人名、地名、篇名、书名和主题等）分别摘录，按一定的检索方法编排起来，并注明出处的工具书。索引又叫通检、引得等。索引按其取材来源可分为书籍索引和报刊索引。前者如《十三经索引》、后者如《全国报刊索引》等。

6. 年鉴。年鉴一般是汇录一年内各方面的（包括政治、经济、文化、教育等）或某一方面的情况、统计等资料编排而成的参考工具书。它又叫年刊。年鉴分综合性和专科性两种。前者如《中国百科年鉴》，后者如《中国戏剧年鉴》等。

7. 手册。手册是介绍一般性的或某种专业知识的参考工具书，也就是人手一册，放在手边随时备查的意思。包括日常生活用的手册和专业性的手册。前者如《生活科学手册》，后者如《中学语文教师手册》等。

8. 文摘。文摘是简要摘录论文的主要论点，并汇编在一起供研究者检阅选取的书刊。它有期刊、书籍、卡片等形式。目前科技方面的较多，属于语言文学的有中国人民大学书报资料社出版发行的《文艺理论资料卡片》等。

9. 表谱。表谱是把种种复杂的事物用简明的表格等形式表现出来供人们查检用的工具书。如各种史表、历表、年谱等。

10. 图录。图录是用图形等形式揭示实物的工具书，如各类地图、历史图录等。[1]

使用者应熟悉各类型中有代表性的或较好的工具书，掌握其特点和功用，包括内容、性质、优缺点、编排体例、编成时代等。只有熟悉工具书，使用时才能得心应手，左右逢源。例如《康熙字典》的特点是收字多，字的音、义罗列详尽，编成于清初康熙年间。了解这些特点，就可以知道，冷僻的字和音、义可以查阅《康熙字典》，但新出现的字或新义则不必去查，它的内容有时代的局限性，引用其中的材料要加以核对。[2]

目前工具书品种和数量日益增多，其适用的对象不同，质量也参差不齐。在使用或购买时要加以选择、鉴别，以挑选适合自己需要的内容丰富、材料可靠、观点正确、编排合理、检索方便的工具书。

①摘自：祝鼎民：《中文工具书及其使用》。转引自：http://www.gzlib.gov.cn/edu_lib/detail.asp?a_id= 277&style=1

②王余光，徐雁主编. 中国读书大辞典. 南京：南京大学出版社，1992：1020-1021

成立于2001年的首都图书馆康复文献阅览室，室内有中文图书1000余册、盲文图书179册、期刊杂志40余种、优秀音像资料289盘，并配有为肢残人准备的轮椅，为盲人安装的盲文软件及声像放映等设备。主要为残疾读者，关心和从事残疾人事业的读者服务。

首都图书馆提供

美国国会图书馆长廊
邱冠华摄

三、善用各种网络导航

随着信息技术的进步和计算机的普及，以往依靠传统工具书的单一检索方式也发生着改变。电子工具、网络检索工具纷纷出现，以更新的面貌、更多样的检索方式，成为人们查询信息的新选择。网络强大的超文本链接方式，具有的检索功能使学习者可以高效地检索有关信息并获取信息，网络是一个巨大的资源库，网上资源可以和世界上任何一个最大的图书馆相匹敌。

中国图书馆学会会徽
政府机构和社会组织一直在鼓励全民阅读，中国图书馆学会便是其中一股积极的力量。

在阅读过程中，人与计算机可以进行交流，这为接受信息和信息应用提供了很大的便利，并使阅读变得更有乐趣，大大地激发并解放了人们的阅读想象力、思维力和创造力。因此，从这一意义上说，“互动更是网络阅读的生命”。例如，电子公告板（BBS）就是人机交互的最便捷方式之一。互联网上有很多读书网站和读书 BBS，网友可以在上面发表自己的读书心得和读书感受，更可以在上面提出自己在阅读时遇到的困惑或难点，让其他网友来解答。伴随着网络的不断普及和网络技术的不断发展。网络阅读也正在不断出现新方法。例如，现在有了中英文互动翻译，这样解决了中英文之间的阅读障碍，这是以纸张为载体的阅读难以达到的。①

四、社会团体的帮助

社会团体是帮助民众阅读的有效途径。这里的社会团体既包括中外的图书馆学会（协会）、阅读委员会、各阶层图书馆等公共事业文化组织，也包括社会上的各种书友会和读书会(相对来说读书会规模小、成员少、影响小，而书友会规模大、成员多、影响范围广)，它们以阅读、讨论、导读、分享、报告、观展、欣赏等方式，作持续性、有系统的团队学习。因此，读书会或书友会不是一言堂，而是多言堂。国外有很多这样的团体，如美国图书馆学会（ALA）定期举办青少年阅读周和“阅读挑战”等阅读活动；国际读书协会（International Reading Association）建立阅读实践委员会来让阅读者学习如何提高阅读效率；新加坡读书会发展协会积极鼓励国人参与读书会，并且积极推动本国各个领域参与及组织读书会活动，通过定期出版刊物，积极推动国人参与阅读运动，同时协助推广阅读、培养国人阅读风气。在每年的世界读书日（4 月 23 日）这一天，无论中外的阅读组织，都会举办读书活动。社会团体举办的一些阅读活动在推动全民阅读、传播书籍文化方面作出了卓越贡献，同时，也在读者与图书之间建立了一个互助、互信、互惠、互通的交流平台与桥梁。

五、读书之外的交流

除了上述几种方法之外，常与其他人讨论，也是有助于理解所阅读内容的方法之一。

英国大文豪萧伯纳曾经说过：“我手里有一个苹果，你手里也有一个苹果，我

①刘月霞. 教育实践与研究. 2006（3）：47-48

们两人交换一下，还是一个苹果。交流思想则不一样，我把我的思想交流给你，你把你的思想交流给我，那么，我们两人同时掌握了两种思想。”和喜欢阅读的人一起交流，可以激发讨论的兴趣，及时补充自己的想法，扩大对阅读材料的理解，有时甚至会反省自己的观点，对增进理解书籍有很大的好处。

早在爱因斯坦上中学的时候，他就与两个青年朋友经常在晚上一起学习和讨论各家哲学著作，谈论哲学和科学的各种问题。即使到了大学读书，他仍有这个习惯，在苏黎世工业大学读书时，他与马尔塞耳·格罗斯曼建立了真正的友谊，这种友谊与他们共同的学习与志趣是分不开的。后来，他的这位同学成为著名的大学数学教授和数学家，爱因斯坦建立广义相对论也得到了格罗斯曼的帮助。因为广义相对论中不仅有物理学的论断和解释，还牵涉到一些数学问题。由此可见，阅读中的讨论交流不失为一种很好的学习方法，有时对双方都有好处。

六、走出书本，阅读生活

古语有云：读万卷书，行万里路。书籍是凝固的思想，阅读书籍的过程是读者与书籍交融的过程，是心灵与心灵的碰撞、思维与思维的交流。读书是间接地了解人生，在生活中获得体验则可以直接了解人生。“纸上得来终觉浅，绝知此事要躬行”。读者通过阅读，体验人物的内心情感。同时，阅读的美感也要从生活的感受中来。作为有益的补充，走出书本，阅读生活，也可以帮助我们更好地阅读。□